特华博士后科研工作站资助本书出版

中国慈善信托实务参考

A Practical Reference
For
Chinese Charitable Trusts

高传捷　等◎著

法律出版社
LAW PRESS·CHINA
—— 北京 ——

图书在版编目(CIP)数据

中国慈善信托实务参考 / 高传捷等著. -- 北京 : 法律出版社, 2023

ISBN 978 - 7 - 5197 - 7901 - 6

Ⅰ. ①中… Ⅱ. ①高… Ⅲ. ①慈善事业 - 信托法 - 研究 - 中国 Ⅳ. ①D922.282.4

中国国家版本馆 CIP 数据核字(2023)第 076703 号

中国慈善信托实务参考
ZHONGGUO CISHAN XINTUO SHIWU CANKAO

高传捷　等著

策划编辑 沈小英
责任编辑 陈　妮　任　娜
装帧设计 李　瞻

出版发行 法律出版社
编辑统筹 法治与经济出版分社
责任校对 张翼羽
责任印制 吕亚莉
经　　销 新华书店

开本 A5
印张 7.125　　**字数** 167 千
版本 2023 年 6 月第 1 版
印次 2023 年 6 月第 1 次印刷
印刷 天津嘉恒印务有限公司

地址:北京市丰台区莲花池西里 7 号(100073)
网址:www.lawpress.com.cn
投稿邮箱:info@lawpress.com.cn
举报盗版邮箱:jbwq@lawpress.com.cn

销售电话:010 - 83938349
客服电话:010 - 83938350
咨询电话:010 - 63939796

书号:ISBN 978 - 7 - 5197 - 7901 - 6　　**定价**:88.00 元

凡购买本社图书,如有印装错误,我社负责退换。电话:010 - 83938349

编写委员会

（按姓氏首字母排序）

陈丽娜　陈　新　范　湉　高传捷　洪　艳
胡仕波　寇　今　李　和　李君香　李　珊
李　彧　零　慧　刘　毅　马国新　莫沛林
钱思澈　任大林　石　镇　孙　鑫　王元琪
吴　滨　许雅秀　张　芳　张　婧　章　也
周袁孺　朱明上

致　谢

公益慈善信托在中国是一项全新的事业。在这一光荣事业初起之时,《中国慈善信托实务参考》成书,我谨代表编写委员会向以下人员表示诚挚的感谢。

特别感谢特华博士后科研工作站、友成企业家乡村发展基金会、汉正家族办公室(广州)有限公司、深圳市社会公益基金会、光大兴陇信托有限责任公司、华润深国投信托有限公司、杭州工商信托股份有限公司、深圳壹基金公益基金会、西北大学慈善研究院、浙商金汇信托股份有限公司10家单位对《中国慈善信托实务参考》编写工作的支持和贡献。

感谢27位在慈善信托领域学有所长的专家、学者,你们志愿参加《中国慈善信托实务参考》的编写,以公益慈善事业大局为重,以推动中国慈善信托事业发展为使命,以研究逾千单慈善信托的经验,无私贡献聪明才智,呕心沥血、勇于担当,为

《中国慈善信托实务参考》的成书，为促进中国慈善信托制度发展贡献了自己的力量！

感谢我国从事公益慈善信托理论与实践研究的专家、学者，自1993年至2023年的30年间，你们对境内外营业信托、公益信托、慈善信托的理论与实践进行研究，写作、翻译了海量资料，为中国公益慈善信托的发展打下了坚实基础！

感谢英国英格兰和威尔士慈善委员会，感谢你们无私提供关于慈善事业管理的宝贵经验，使我们得到有益的启发与具体的帮助！

感谢中国第一批慈善信托的委托人、受托人、服务人、监管人，在最近的6年中，约1300个机构、自然人、委托人奉献财富，设立了中国现代第一批慈善信托，让10万~20万名关系人和更广大的人民群众受益，使人们得以思考慈善信托的制度哲学、发展规律、社会效果，感悟慈善信托建立的社会意义，你们宝贵的经验给人们以宝贵的启示，将伴随公益慈善事业发展的始终！

感谢所有为中国公益慈善信托作出贡献的人们，你们将成为世人的榜样。

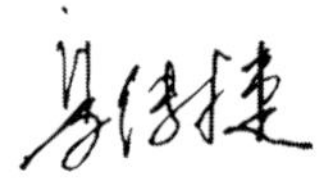

2023年2月23日

本书使用的提示

本书以宣传、使用、研究慈善信托制度为宗旨，以实务活动中可能出现的问题为线索，以“简答”和“详答”两种形式提供实务操作性参考意见。

简答，是简略、重点性地回答问题，主要是提供简洁提示。

详答，是提供具体的可操作性意见，力求使非专业人士可以理解、解决实务问题。

本书所有问题按照《慈善信托管理办法》分章归类；所设计的“疑问”为二级目录，便于快捷查阅。

编写委员会认为，本书起草依据规范，疑问分类合理，所提建议具有专业水准，具备实务操作的可行性，可供读者在了解慈善信托制度与实务时参考。

编写委员会郑重提示：

本书内容不具备法律效力。

本书编写委员会或任何成员没有法律法规的解释权力。

本书内容不代表任何公共机关意见和编写人员所在机构的官方意见。

《中国慈善信托实务参考》编写委员会

2023 年 2 月 23 日

自　序

慈善信托是规范公益慈善活动的制度，《中国慈善信托实务参考》以中国现行法律法规为依据，汇集2016～2022年设立的1184单慈善信托委托人、受托人、监察人、服务人、监管人的实践方法而写成。它是简易导航，为使用慈善信托提供参考；它是历史记录，记载了今天慈善信托活动参与人、研究人的认知，反映了中国现代慈善信托在起步期“年轻”的模样。

“使用”是本书主题。为便于使用，这里做几点补充性的说明。

一、关于慈善信托制度

慈善信托通俗说是“用信托做慈善”。现代慈善信托始于英国“用益”制度下的慈善活动。13世纪或更早，人们因宗教信仰把财产转移给牧师、神父或其他人管理，帮助他人或宗教事业，为自己“赎罪”。起初的做法叫“用益”,成文法中的“用益”源于1601年英王颁布的《慈善用益法》,该法被视为慈善信托正式制度的源头。之后“用益”变为“信托”;普通“用益”变为“慈善用益”,再变为“慈善信托”。慈善信托成为英国慈善法下的多种慈善组织形式之一。

慈善信托是融合了慈善、信托、财产、税收、监管等制度的复合性慈善活动,其公信力基础是“制度信任”。慈善信托制度源于生活、成于实践、显于历史、定于国家、覆盖世界、服务社会,其法律与无数先例推动慈善信托普遍实施。

慈善信托在宗教引导、公众习惯、效果诱致中发展,在与“贪婪无良小人”博弈、管理猖獗一时的“侵占、挪用、浪费”三大痼疾中成熟,逐步形成以下制度特征:一是突出社会公共利益;二是尊重委托人慈善意愿;三是弘扬精神文明;四是受托人因信义义务而受倾斜性强约束;五是有特色的财产管理制度;六是享有救济、激励、监管3项慈善特权。慈善信托的基础理念影响了长时期、大范围、多场景的全球公益慈善事业。

二、关于中国的公益慈善信托制度

1050年,中国北宋的范仲淹向宗族捐赠土地并制定管理制度《义庄规矩》;此后40年,其子范纯仁等陆续就《义庄规矩》进行了10次修改,使其大体定型。义庄的财产管理架构与1984年的《海牙公约》①中关于

---

① 《海牙公约》的全称为:1984年《关于信托的法律适用及其承认的公约》。

信托的定义①完全符合,是中国早期的“慈善信托”。义庄开启了中国用“信托”架构与原理从事慈善活动的先河,其在清末民初发展到高峰,对中国广大农村产生了重要影响。

现代公益慈善信托进入中国有清晰的足迹可循。1913 年,商事信托由外资引入,在之后的 80 多年中,人们多知道金融信托、贸易信托,但对公益慈善信托了解不多。

1993 年 10 月,中国人民银行等单位编写了一部大型工具书:《金融信托全书》。该书把“公益信托、慈善信托、公众信托、公共机构信托、公益信托基金”等概念介绍给人们。1993 年,《中华人民共和国信托法》(以下简称《信托法》)立法工作启动,此后 8 年的 3 次《信托法》送审草案中都有“公益信托”的章节。

2000 年 12 月,国务院审查《信托投资公司管理办法》,批准由公益信托服务和信托投资公司担任公益信托受托人。2001 年 1 月,中国人民银行颁布《信托投资公司管理办法》(已废止),该管理办法成为中国百年信托史上第一部规范信托基本关系,对营业信托、公益信托作出规定的部门规章。

2001 年 4 月,《信托法》颁布,信托制度和公益信托亮相。2002 年出现了最早的“准公益信托”探索;2008 年,陕西进行了第一次“慈善信托”规范化实践。但因管理制度欠缺,没有得到持续推广。

2005 年,《中华人民共和国慈善法》(以下简称《慈善法》)的立法工作启动,“公益信托”写入法律草案。经过 2014 ~ 2016 年的反复论证,2016 年 3 月,《慈善法》颁布并建立慈善信托制度,其作出“慈善信

① 《海牙公约》第 2 条:“……当财产为受益人的利益或为了特定目的而置于受托人的控制之下时,‘信托’这一术语系指财产授予人设定的在其生前或身后发生效力的法律关系……”

托属于公益信托”的规定,对两个信托的关系给予了法律定位。

2016 年 9 月 1 日,《慈善法》生效,第一批慈善信托应声而出。2022 年年底,全国共完成 1184 单慈善信托,初始财产为 51.7 亿元,财产余额约 200 亿元。我国成为大陆法系国家中公益慈善信托发展最晚、成长最快、数量最多的国家。慈善信托走过“从无到有”的初创期,进入“从少到多”“从多到好”的上升期。

2001 年《信托法》下的“公益信托”是中国公益慈善信托的 1.0 版本,配套有基本法、少量的规范性文件。

2016 年《慈善法》下的“慈善信托”是中国公益慈善信托的 2.0 版本。在全社会的推动下,慈善信托很快形成体系,并配套有基本法、特别法、相关法、各地规章、备案制度、评估方法和信息披露要求等,满足了基本需要。在这一时期制度建设中,特别值得一提的是:2017 年,党中央部署、指挥、督促有关部门建立《慈善信托管理办法》,促成慈善信托在全国的推广使用。

三、关于中国公益慈善信托的意义

1996 ~ 2016 年,不同的人们在不同的场合多次问过同一个问题:“中国已经有了慈善捐赠和基金会制度,为什么还要慈善信托?”即使今天,慈善信托的中国意义仍然见仁见智。

2016 年以来的实践让人们得以近距离观察与思考慈善信托制度在今天的正当性、合理性、必要性,人们在慈善信托的制度哲学、价值理念、实施设计、运行特征、发展规律等方面开始达成不同程度的共识。笔者认为,从实践可以看到其制度价值:

第一,适合我国国情,可以将公益慈善的资源、服务、需求有效地结合起来，把慈善关怀送到广大城乡人民群众之中。

第二，符合社会伦理与公益慈善事业发展规律，其以委托人意愿为核心，建立“稳定、清晰、归属确定”的慈善存在，汇集各方面资源，实现人民群众对公益慈善活动的共建共治共享，使人民群众得到获得感、幸福感、安全感。

第三，补充了慈善事业基本制度，丰富了我国慈善服务体系的组织形态，提高了我国慈善服务的社会公信力水平。

第四，充实了慈善事业主体支柱，加强了慈善资源的动员、管理与服务能力。

第五，创新了慈善运行的基本模式，使慈善活动继承传统、服务本源、创新理念，形成了长期存续、代际传承的运行基础。

第六，健全了精神文明建设形式，为社会主义核心价值观提供了新的实践路径与实现方法。

第七，丰富了中华民族传统文化弘扬与家族传承的方法，丰富了公益慈善活动的社会教化功能，给予人民群众开展自我教育的方式选择权，扩大了慈善活动的社会效果。

第八，普及了慈善文化，通过服务脱贫攻坚、抗击疫情、解决人民“急难愁盼”、发展教育事业等，慈善信托探索慈善运行组织，培育慈善服务链和生态圈，扩大了社会影响力，吸引更多的公众加入慈善活动中。

第九，慈善信托运行模式将信托公司全行业、整建制、一次性引入慈善事业，在最短时间内向慈善事业充实了专业机构、人才队伍、管理经验和 20 年积累的客户资源，为公益慈善事业发展增添新力量；其使信托公司提高社会责任感，开始稳定地提供慈善服务。

第十，依托金融职能，为全社会提高慈善财产的管理、运用效率提供可能与服务，为实现信托目的、探索社会治理完善提供多样化的服务。

第十一，以理念与功能奠定未来发展的空间，促进中国普通信托、财富管理产业的制度进步与服务发展。

……

总之，慈善信托已成为我国公益慈善事业的重要组成部分；随着实践增加，中国自己的慈善信托发展之路将渐显模样。

四、关于中国慈善信托制度的使用

慈善信托是全新制度，社会对其不熟悉，影响了其的推广使用。本书编写人员具有实际操作经验，他们用通俗易懂的解说，方便读者了解操作方法、满足使用需要。

机构委托人、个人委托人是慈善信托的发起人。古今中外，委托人将自己的财产利益无偿转移给陌生人，其真实的驱动力是委托人内心的精神需求。慈善信托是文化现象，这是慈善信托的本质特征，是认识、使用慈善信托的基本出发点。

慈善活动在我国有悠久的历史，推动它生生不息、长盛不衰的动力是中华优秀传统文化；慈善与当代社会主义核心价值观融合，以爱国主义为核心，以利人、修己等高尚道德情操为文化内涵；它具体表现在委托人动机、意愿表达、信托目的、信托宗旨、慈善愿景、价值观、信托治理、财产运用、公益效率追求等环节。这是每一个慈善信托的灵魂所在，是慈善信托具有示范社会、教化后人、利人利己效果的真正原因，也是无数委托人不竭追求，优秀慈善信托不断涌现、生生不息的内在基因。

服务委托人的精神文化需求，理解、记录、严格遵从是受托人做好服务的关键，但在实务中，受托人却无须“刨根问底”地询问“动机”。“不问动机”“动机不重要”来自无数“先例”与司法判例，已成为受托人履行职责的非正式规则。无论大公无私与否，委托人只要依法合规地把信托财产全部用于公共利益即可。

慈善信托永久存续，委托人建立信任的基础是特殊的独立、连续的财产制度，受托人受到内部与外部约束，公权力给予救济。在具体设立长期存续的慈善信托时，委托人应该怎么办？笔者的建议是：可以参考“早小简专”的原则。

所谓“早”是指慈善信托要早设。慈善信托对公共利益和委托人自身都具有特定的精神、文化、社会等多方面价值，故越早设立越好。

所谓“小”是指慈善信托设立之初的金额可以小一些，可从实践中看效果，以后逐步再增加信托财产。

所谓“简”是指慈善信托刚设立时结构可以简单一些，如先搭框架后完善，先完成后完美，让自己的慈善在长期实践中逐步丰富多彩。

所谓“专”是指就慈善信托的设立与运行而言，委托人要多与专业受托人交流，应依靠专业服务合理地把握投入与产出，优化公益慈善效率。

“早小简专”原则使公众“自己的慈善”逐步发展，经过生活中的日积月累，慈善信托的有益效果会影响越来越多的人主动参与，借助慈善信托鲜明的“人民性”，将会逐步促成大量中小额慈善信托设立，通过科学规划，可以形成“独立慈善信托、集合慈善信托、集体慈善信托、慈善信托自组织、社区慈善信托、慈善账户集中管理、慈善财产授权平台管理”等管理形式，可以在自愿组合、有效管理下培育“聚沙成塔、滴水成河”的规模效应，形成“慈善服务链、慈善生态系统、慈善生态圈”,为全体人民共同富裕、精神文明建设的事业发挥积极作用。

五、关于慈善信托探索创新的记录

现阶段,慈善信托制度不健全,委托人意愿的多样性、信托财产管理环境的多样性、信托财产运用项目的多样性,都可能让委托人意愿实现遇到障碍。这时应该怎么办?

这几年,慈善信托的受托人已经从起初的不熟悉慢慢变得可以从容应对,当他们遇到的规则不健全、不清晰、不准确时,可以凭借自己对慈善、信托的理解提出解决办法。这一点从本书的案例中可以感受到。

记录探索,然后传播出去非常有意义。本书对制度不健全时的操作案例、委托人个性化意愿实现的服务有部分的记载,还附有创新的“首单”和案例,希望这些记录能让人们少一点“烧脑”,促进慈善信托服务向更深、更宽的方向发展。

初看今天的案例时会有新鲜感,虽然人们以后可能会习以为常,但它们为今后的制度完善留下了“路标”,让一条本来没有人走的路开始有人走,让以后的路更加畅通。

六、关于中国慈善信托的制度进步

制度是人类社会通过正式或非正式方式建立,用以规范个人与他人、个人与社会关系的规则。制度因稳定性而生预见性,因稳定性而有“惯性”:启动要有人推;用的人少、发展慢,社会影响变小;用的人多、发展快,社会影响变大;没有重要原因,一般也不会停下来。

慈善信托也适用这一规律:开始实施时有阻力,有人推才启动;使用人多、推力大、社会影响就大;不断修改,制度会愈加好用、社会影响会更大;制度进步了,慈善信托一定会出现3.0版本、4.0版本,以致N.0版本。

现行公益慈善信托的2.0版本不完善,主要体现在基本法律制度、慈善管理制度、财税配套制度、科学监管制度不健全。笔者相信,这4大制度会不断进步,慈善信托向社会提供的服务会越来越好。

为加快慈善信托的完善与推广,期盼读者们把自己的“实践方法、探索记录”传给本书编委会,成为慈善信托制度的疑点提问人、实践操作人、探索创新的贡献人,让本书成为一个交流平台。

七、关于慈善信托制度的学习与服务

2016年以后,常有热心慈善的人们问,慈善信托很复杂吗?学习、使用它很难吗?笔者认为,慈善信托既简单又复杂,既容易又困难。

慈善信托起源时,人们就赠与财产、设立信托倾向于使用简单的方法,所以慈善信托的基本特点是不复杂、难度不大。

但慈善信托也有复杂的一面。为了落实委托人意愿,受托人需要在纷繁的大千世界里努力完成多样化的托付,加之受托人受到倾斜性强约束,从而形成了各种规则,它们都让慈善信托变得复杂。

世上无难事,只有复杂事。复杂事是由简单事构成的。把简单事逐个解决,复杂事就完成了。慈善信托是复杂事,解决其也是同样的道理;再翻翻本书,就更容易被解决了。

1999年,笔者奉调主持全国第五次信托整顿,到岗之初即接触公益慈善信托，第一个案例是英国的国民信托（National Trust）。此后，先后有全国人大、国务院、中国人民银行的多位领导向笔者交代要重点研究公益信托制度。自那时起，无论是中国的“义庄”还是世界各地的公益慈善信托始终让笔者常学常新。2016 年，慈善信托实施后，各类研究、各类创新与“首单”令人目不暇接，让人惊喜，引人思考，催人进步。

慈善信托是长久存续的活动，它在我国刚刚起步，只要坚持学习、用心感悟、不断实践，每一个人都可以成为慈善信托专家，都可以把一个慈善信托做到典范、优秀的境界，留给后人长久传承。

八、关于本书的写作

2016 年 3 月，我国慈善信托制度建立；2016 年 6 月，笔者到英国执行公务，顺道拜访了一位当地慈善信托的受托人，了解到英国英格兰和威尔士慈善委员会向社会宣传、普及慈善管理制度的做法。

2017 年 7 月，《慈善信托管理办法》实施，各地陆续出现一些可操作性的疑问，主要是：部分规则简明而不具体、部分事项明确而理解不一、框架完整存有缺漏。2018 年此类问题有所增加。

2019 年，笔者了解到汉正家族办公室（广州）公司对慈善信托设立服务很有经验，便委托他们收集此类问题。看到收集来的林林总总的问题，笔者感到加强慈善信托宣传普及十分必要；从实际情况看，民间人士应积极参与这一任务。

经筹划，2022 年 4 月，一批志同道合的专家组成了《中国慈善信托实务参考》编写委员会，编写慈善信托的实务手册，对实践中的各类问题给予专业性、可操作性、普及性的回答，为非专业的普通公众和专业的服务机构了解慈善信托提供通俗易懂的参考意见。

根据当前我国制度完善的实际程度,参考意见编写的原则是:

——有法依法。根据法律法规规定的原则回答问题。

——无法依实践。法律法规未明确规定的,依据慈善信托运行6年的实践回答问题。

——无法无境内实践依专业意见。编写委员会组织专业探讨并形成解决建议。

编写委员会共收集实务问题207个,按"急需、删重、合法"等标准筛选得到123个问题;依《慈善信托管理办法》章节明确写作分工;按照"严谨、审慎、认真、负责"精神和"分章作答、文责自负"原则编写参考意见;编写委员会通过"逐章研讨、统一校审、交叉审核"等方法完成书稿。

编写委员会议定,在本书出版后,编写人将对所编内容保持跟踪,根据制度进步、服务改善、实务问题、最新案例等积累资料,适时修订本书。同时,我们也欢迎更多志同道合的专家学者加入编写行列。

2016年8月,慈善法国际研讨会在北京召开。笔者和到会的国际慈善、国际慈善信托领域的领导人与专家进行交谈,我们感到,无论是中国古代还是英国1601年以后和当代慈善信托的运行经验、管理方法、社会效果等,都对今天我们推进慈善信托事业发展具有重要意义。

慈善信托是我国民事、营业、公益三大信托的重要组成部分,建立规范的制度对其进行推广应用对国家、民族、人民具有深远意义。今天,当我们站在中国慈善信托事业的起点,面对今后30年、50年乃至永久传承的慈善信托,面对社会各界委托人、受益人和后世子孙们,我们应该做些什么呢?

毛主席同志指出："人民，只有人民，才是创造世界历史的动力。"改革开放后，运用市场经济原则，家家搞生产，人人都尽力，处处有企业促进了经济的成功发展；在共同富裕年代，依托慈善信托的人民性，我们也许可以期待会有家家有慈善，人人都参与，处处有慈善信托的新时代新风尚，我们亲爱的祖国一定会更加美丽，人民会更加幸福，民族会更加令世人尊敬！

守正创新，实践完善，我们一定会走出一条中国自己的慈善信托发展之路。

让自己的慈善信托成为典范并长久传承于世。

我们要努力让大大小小的慈善信托多如繁星般撒播到我国广大城乡，把千百万人们对慈善、对美好情怀的感动化为现实，把他们的美好心愿、慈善足迹留在世间！

盼愿景为现实。

谨为序。

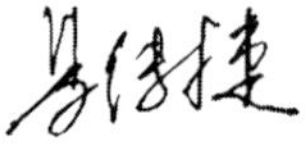

2023 年 2 月 23 日

目　录

第一章　总　　则

一、哪些法律法规是慈善信托应该遵照的?

回答:

中国的慈善信托主要依据《中华人民共和国民法典》(以下简称《民法典》)、《慈善法》、《信托法》、《中华人民共和国公益事业捐赠法》(以下简称《公益事业捐赠法》)、《中华人民共和国银行业监督管理法》(以下简称《银行业监督管理法》)、《慈善信托管理办法》、《信托公司管理办法》等(见表1-1)。

表1-1 中国的慈善信托主要依据

标题	文号	颁布单位
民法典	中华人民共和国主席令第45号	第十三届全国人民代表大会
慈善法	中华人民共和国主席令第43号	第十二届全国人民代表大会
信托法	中华人民共和国主席令第50号	第九届全国人民代表大会常务委员会
公益事业捐赠法	中华人民共和国主席令第19号	第九届全国人民代表大会常务委员会
银行业监督管理法	中华人民共和国主席令第58号	第十届全国人民代表大会常务委员会
慈善信托管理办法	银监发〔2017〕37号	原中国银行业监督管理委员会
信托公司管理办法	中国银行业监督管理委员会令2007年第2号	原中国银行业监督管理委员会

续表

标题	文号	颁布单位
浙江省人民政府关于加快推进慈善事业发展的实施意见	浙政发〔2015〕34 号	浙江省人民政府
北京市慈善信托管理办法	京民慈发〔2016〕385 号	北京市民政局

二、《慈善法》和《信托法》，哪一部更适用于慈善信托？

回答：

慈善信托究竟该适用《慈善法》还是《信托法》？对此，《慈善法》第 50 条的规定表明《慈善法》优于《信托法》。《慈善法》第 50 条规定："慈善信托的设立、信托财产的管理、信托当事人、信托的终止和清算等事项，本章未规定的，适用本法其他有关规定；本法未规定的，适用《中华人民共和国信托法》的有关规定。"《慈善信托管理办法》的内容较为丰富，属于具有操作价值的指引。

由于慈善信托是信托的一类，除特殊规定外，其基础关系依然适用《信托法》的规定，如果受托人是信托公司，那么还需要参照《信托公司管理办法》的相关规定。

三、什么是慈善信托？

回答：

根据《慈善法》第 44 条的规定，慈善信托属于公益信托，是指委托人基于慈善目的，依法将其财产委托给受托人，由受托人按照委托人意愿以受托人名义进行管理和处分，开展慈善活动的行为。

四、慈善信托有几种分类方法？

回答：

根据不同的角度，慈善信托可以有不同的分类。慈善信托的分类标准主要有："本金"是否被动用、委托人是否有多个、受托人是否有多个、目的是否特定等。

五、"本金"是否被动用的分类标准是怎样的？

回答：

慈善信托的"本金"，是指委托人设立慈善信托的基础财产，慈善信托可以根据"本金"是否被动用进行分类。

不动用"本金"的慈善信托，是指在信托条款中规定只能动用慈善信托的基本财产所生的孳息或利益从事公益活动，不得动用慈善信托基本财产本身；动用"本金"的慈善信托，则指在信托条款中规定，受托人可以在信托存续期间动用基本财产从事公益活动。

我国相关法律法规对此并无强制性规定，一般允许动用慈善信托基本财产，如果有特殊约定可以设计信托条款限制使用基本财产。

不动用"本金"的慈善信托适合信托财产规模较大且有较长存续期的慈善信托，较大的资金规模产生的孳息或利益可以支撑公益活动的支出；动用"本金"的慈善信托适用于规模较小的慈善信托，并且委托人无意让慈善信托永久存续。

六、委托人的多少是如何影响分类的?

回答:

这是根据慈善信托的委托人是一个还是多个所作的分类。主要是考虑信托公司在中国银行保险监督管理委员会(以下简称银保监会)监管的背景下而作出的分类,原因在于中国信托登记有限责任公司的报送、银保监会全要素表的填报以及信托公司内部流程中仍要对慈善信托的委托人是一个还是多个进行区分。慈善组织作为单一受托人则不需要考虑此问题。

单一委托人的慈善信托,是指在银保监会监管体系下,由特定的个人,或者由单个的企业、慈善组织或者其他法人机构委托设立的慈善信托,被称作单一信托;而多个主体委托设立的慈善信托则被认为是集合信托。

由于多个委托人的权利划分存在困难,因此大多数慈善信托是单一委托人。

七、单受托人和双受托人的模式是怎样的?

回答:

这是根据慈善信托的受托人是一个还是多个所作的分类。单受托人模式分为慈善组织作为单受托人、信托公司作为单受托人两种,双受托人模式是慈善组织和信托公司作为共同受托人。双受托人模式能较好地发挥慈善组织和信托公司各自的优势。

八、慈善组织作为单受托人有什么优势？

回答：

慈善组织独立承担受托人的责任和义务，直接接受委托设立慈善信托，慈善组织在银行开立慈善信托专户，既负责信托账户的管理，也负责信托资金的使用和运作，并完成公益项目的执行。

该模式主要有两个优势：

其一，慈善组织具有比较明确的税收优惠政策。

其二，慈善组织具有极强的项目执行运作能力，能够深入基层，扎根于财产运用的最前线，可以更好地促进公益项目的持续发展。

九、信托公司作为单受托人有什么优势？

回答：

信托公司根据委托人的意愿设立慈善信托，并对信托财产进行管理和运作，包括资金拨付、资金使用监管以及项目实施效果评估等事宜。

同时，信托公司将根据慈善目的选择合适的慈善组织来负责公益项目的运作执行工作，具体包括：项目策划、项目筛选、项目实施和后续持续维护等事宜。

信托公司也可以自行负责公益项目的执行，另外邀请具有合作关系的慈善组织担任公益执行顾问。这种模式能够有效弥补信托公司在公益项目资源、项目执行方面的不足。

该模式的优势是：信托公司作为持牌金融机构，可为公益慈善事业接入可持续性多重外部监管、内部法律风控管理、信托账户管理、专业财产管理等机制,消除捐赠人与慈善组织的信息不对称问题。

例如,信托的构架有利于保护慈善资金。信托财产名义上的所有权已经从委托人转移至受托人,但受托人只是代为管理信托财产,受益对象是信托合同约定的受益人,慈善信托的信托财产独立于委托人未设立信托的其他财产,独立于受托人的固有财产及其管理的其他信托财产,同时独立于受益人的固有财产。此外,在银行开立的保管账户可作为第二道防线。

又如,信托公司可充分利用其在慈善信托财产保值增值方面具有的资产管理能力,将闲置的慈善财产加以管理,优化资产配置策略,提高信托财产保值增值能力。除初期的慈善资金投入外,慈善信托闲置资金将在征求委托人意愿后,在受托人评估、监察人同意的情况下,被投向银行理财、信托产品等中低风险资管产品,使慈善资金具备造血功能,实现本金不动,仅以收益部分投向慈善项目的“永续性慈善”功能,增强其自身“造血能力”。

再如,由信托公司提供的家族信托服务是对客户的物质传承、延续着客户的精神传承,可以与慈善信托有效、紧密融合,从而发挥两种产品的优势,在提供破产隔离、税务筹划、家族治理等服务的同时按客户意愿设计慈善信托的慈善目的、期限、受益人群、支出和运用程序,有效实现客户长期慈善愿望,带来更高的社会福祉和个人价值。

十、慈善组织和信托公司共同作为受托人有什么优势?

回答:

信托公司和慈善组织可同时接受委托人的委托,担任慈善信托的共同受托人,并发挥各自的优势,实现委托人的需求和慈善目的。其中，信托公司主要负责信托财产的账户管理、资产保值增值、信息披露等相关事宜，慈善组织则主要负责公益项目的策划和执行等事宜。

《信托法》第 31 条第 1 款规定："同一信托的受托人有两个以上的，为共同受托人。"该条款确立了慈善信托可以设置共同受托人。

《信托法》第 32 条规定："共同受托人处理信托事务对第三人所负债务，应当承担连带清偿责任……共同受托人之一违反信托目的处分信托财产或者因违背管理职责、处理信托事务不当致使信托财产受到损失的，其他受托人应当承担连带赔偿责任。"该条款约定了共同受托人在项目运行中承担连带责任。

《慈善法》第 46 条规定："慈善信托的受托人，可以由委托人确定其信赖的慈善组织或者信托公司担任。"该条款明确了慈善信托可以选任信托公司和慈善组织共同担任受托人。

这种模式的优势是：

（一）双受托人模式下的慈善信托对外是同一整体，对内进行分工协作，信托公司和慈善组织（基金会居多）各司其职，组成一个完整的受托人角色。

慈善组织的优势在于：公益项目来源更广泛；能够更有效地发掘梳理委托人意愿，整合捐赠人资源平台、发展潜在合作伙伴；募集善款方式、公募私募空间灵活；在税收优惠方面也具有极大的便利性。通过引导更多的社会公共资源来支持信托项目，进而保障了整个项目的成功，具有绝对的优势。

信托公司的优势在于：首先，信托公司为持牌金融机构，能够充分利用其资产管理能力将闲置的信托财产加以管理并产生收益，实现慈善资金保值增值。其次，信托公司对慈善信托的受托成立、运作管理、信息揭示等全过程尽职履责。信托公司接受银保监会的监管，慈善信托还受民政部监管。同时,慈善信托还需要接受委托人、受益人、信托监察人等多方监督,使受托人管理、信息披露的透明度和公信力得到保障。在资金运用方面,慈善信托全部投入情况在民政部慈善事业促进和社会工作司主办的"慈善中国"网站上向社会公众公示,并在当地民政局、民政厅备案,具有极强的社会公信力。

(二)在共同受托人的模式下,信托端一次性开具公益事业捐赠票据成为可能。慈善组织接受捐赠的,应当开具捐赠票据。慈善组织接受货币(包括外币)捐赠时,应按实际收到的金额填开捐赠票据;慈善组织接受非货币性捐赠时,应按其公允价值填开捐赠票据。(财综〔2010〕122号、财综〔2016〕7号)。但慈善组织和信托公司单独作为项目管理人在开票时存在一些问题。在慈善组织方面,第一,资金的支出与税前扣除不在同一年度,财务须分期入账,分期开票;第二,如果慈善信托发生亏损,开票金额与初始委托金额会发生出入,无法以捐赠金额全额享受税收优惠待遇。就信托公司而言,其从事慈善信托不能开具公益事业捐赠票据。然而,双受托人模式则可以妥善解决以上问题。

(三)现有模式下,信托财产的独立性得到了保证。委托人将信托财产捐赠给慈善组织,慈善组织再将信托财产转移至信托公司开设的信托专户,每个信托专户独立建账单独核算,实现了信托财产和委托人的自有资金、受托人(慈善组织和信托公司)的固有财产(慈善组织的法人账户、信托公司的固有账户)的分别管理。之后,受托人各自履行信托合同的约定,信托公司履行财产管理职责,慈善组织负责项目实施职责,慈善财产没有回流至受托人和委托人,慈善目的得以实现。

综上所述,从微观的角度看,双受托人模式的优点在于:第一,有利于提高各受托人的综合信誉度和口碑；第二，有利于共同受托人相互监督各自的信托管理行为；第三，有利于保持信托事务管理的互补性、连续性；第四，有利于充分挖掘不同受托人的专业能力，结合其不同优势为信托目的服务。

十一、一般目的慈善信托和特定目的慈善信托有什么区别？

回答：

以较宽泛的目的为信托目的的是一般目的慈善信托，这类慈善信托的信托目的一般采用《慈善法》《慈善信托管理办法》上的全部或部分表述，如扶贫、济困；扶老、救孤、恤病、助残、优抚；救助自然灾害、事故灾难和公共卫生事件等突发事件造成的损害；促进教育、科学、文化、卫生、体育等事业的发展；防治污染和其他公害，保护和改善生态环境；符合《慈善法》规定的其他公益活动。

以一项或者少数几项特定的公益目的为信托目的的，则为特定目的慈善信托。这类慈善信托目的的设计一般在《慈善法》《慈善信托管理办法》规定的领域下进行细分，如恤病类会明确具体的疾病种类（白血病、眼科疾病等），如扶贫、济困类会明确使用的具体地区或人群（退役军人、学生等）。

十二、慈善信托的主体有哪几方？

回答：

慈善信托关系可以采纳治理结构的分析框架，一般的信托当事人包括委托人、受托人、受益人。但是需要注意，慈善信托没有特定的明确的受益人，因此信托的核心治理结构就是委托人、（共同）受托人的职责权利及彼此制衡关系。基于慈善信托的特殊性,慈善信托的主体还包括监管机构,在必要时需要考虑监察人和执行人。

十三、委托人的权利有哪些?

回答:

《信托法》第四章第一节专门规定了委托人的权利。

一是知情权,委托人有权了解其信托财产的管理运用、处分及收支情况,并有权要求受托人作出说明。

二是检查权,委托人有权查阅、抄录或者复制与其信托财产有关的信托账目以及处理信托事务的其他文件。

三是信托财产管理方法调整的要求权,因设立信托时未能预见的特别事由,致使信托财产的管理方法不利于实现信托目的或者不符合受益人的利益时,委托人有权要求受托人调整该信托财产的管理方法。

四是撤销和索赔权,受托人违反信托目的处分信托财产或者因违背管理职责、处理信托事务不当致使信托财产受到损失的,委托人有权申请人民法院撤销该处分行为,并有权要求受托人恢复信托财产的原状或者予以赔偿;该信托财产的受让人明知是违反信托目的而接受该财产的,应当予以返还或者予以赔偿。

五是解任和变更权,受托人违反信托目的处分信托财产或者管理运用、处分信托财产有重大过失的,委托人有权依照信托文件的规定解任受托人,或者申请人民法院解任受托人。

在《慈善法》第 47 条和《慈善信托管理办法》第 20 条、第 37 条中,也强调了委托人变更受托人的权利,此外还针对慈善信托的特殊之处,对委托人的权利进行了扩展。

一是选择投资标的的权利,慈善信托财产运用应当遵循合法、安全、有效的原则,可以运用于银行存款、政府债券、中央银行票据、金融债券和货币市场基金等低风险资产,但委托人和信托公司另有约定的除外。

二是变更其他事项的权利,根据信托文件约定或者经原委托人同意,可以增加新的委托人、增加信托财产、变更信托受益人范围及选定的程序和方法等。

十四、委托人的义务有哪些?

回答:

一是委托人应保证其资金来源的合法性。

二是委托人应保证其享有签署信托文件的权利,并且就签署行为已经履行必要的批准授权手续。

三是委托人在充分认可信托目的和运作方式的前提下,自愿将其财产委托给受托人,并由受托人按照本慈善信托文件的约定进行管理、运用和处分,开展慈善活动。

四是委托人不得指定或者变相指定与委托人或受托人具有利害关系的人作为受益人。

十五、为什么在一些慈善信托中委托人保留了较大的决策权利?

回答:

信托财产转移后,受托人就拥有了对其普通法上的所有权,委托人控制、管理信托财产的地位应被受托人取代。但是在慈善信托中,委托人的决策权利在很大限度上被保留了。

首先,对于委托人来说,将慈善资金交由他人管理存在疑虑。尤其在我国信托制度尚不完善,部分信托公司出现较大风险的背景下,这种疑虑更甚。

其次,受托人也乐意委托人保留相当的决策权利。一方面,由于开具公益事业捐赠票据的问题,目前国内慈善信托的委托人一般为慈善组织,其在慈善事业的参与度和运作经验方面都远胜信托公司,也掌握大量的慈善资源,委托人保留一定的权利有利于慈善信托的运行。另一方面,慈善信托对于目前主要的受托人——信托公司来说,还是较新的业务,信托公司机制不健全、经验不丰富、人员不齐备,在其承担较多主动管理责任的情况下,一旦出现风险,受托人将面临严苛的法律责任。

十六、采用何种方式可以平衡委托人保留较大决策权利的问题?

回答:

一是采用委托人指令方式,给予受托人合规审查的权限。委托人根据实际情况出具指令,载明需要慈善信托划拨款项资助的公益项目或个人。受托人对指令进行合规性审查后进行划款,并收集相关资料凭证备查。

二是采用决策委员会方式,平衡各方需求。由于在委托人指令的模式下,受托人只承担合规审查及事务管理的责任。这不利于发挥受托人的主观能动性,在一定程度上背离了信托的精神,因此监管机构较认可的方式为设立决策委员会对慈善信托的事务进行决策。

慈善信托决策委员会实质上是慈善信托各主体的代表大会,成员一般为单数，行业中较为通行的做法为委托人、受托人委派委员，视情况加入监察人代表或行业专家代表，组成 3 人的决策委员会。若为 5 人，则人员组成结构一般为由委托人委派 2 人，受托人委派 2 人，另设置 1 名专家委员。

十七、决策委员会一般针对哪些事项进行决策？

回答：

决策委员会一般对以下事项进行决策：

（一）决定是否与潜在的项目执行人签署《慈善信托项目合作协议》；

（二）审定项目执行人提交的公益项目方案或受益人名单及其资助方案；

（三）新增委托人；

（四）变更、新增项目执行人；

（五）新增专家委员；

（六）增减委托人委员和受托人委员人数；

（七）调整决议表决机制。

决策委员会通过签署决策委员会成员表决票，对评审事项进行表决，由受托人收集决策委员会成员表决结果，受托人经形式审查后，根据决议机制向决策委员会全体委员出具加盖受托人公章的《决策委员会决议》。受托人根据《决策委员会决议》处理信托事务。

对表决方式和事项通过的条件一般可以灵活设置，但在大多数情况下，受托人委员对本信托决策委员会的决议事项拥有一票否决权。

十八、采用决策委员会方式有什么优势？

回答：

决策委员会得到委托人、受托人双方的充分授权，有较高的决策效率。

决策委员会能较充分地表达委托人和受托人的意见，不仅有利于发挥委托人的专业知识，也有利于受托人履行受托责任，实现了委托人和受托人两大主体的平衡。

一些决策委员会还会引入监察人委派的委员或外部的专家委员，有利于提高决策的科学性和客观性，进一步保障信托目的的实现。

不过，鉴于某些捐赠的金额较小，为了提高效率，建议将委托人指令方式与决策委员会方式相结合。

十九、受托人的权利有哪些？

回答：

一是享有根据本慈善信托处置账户内资金划拨、销户等账户开户人的权利；

二是以慈善信托财产受托人的身份，享有并行使慈善信托财产的权利；

三是享有收取合理的信托报酬的权利。

二十、受托人的义务有哪些？

回答：

一是忠实义务，见载于《慈善信托管理办法》第 24 条、第 25 条、第

26 条。

忠实义务要求受托人管理和处分慈善信托财产，应当按照慈善信托目的，恪尽职守，履行诚信、谨慎管理的义务。忠实义务的关键在于不获利和禁止自我交易。

所谓不获利，是要求受托人除依法取得信托报酬外，不得利用慈善信托财产为自己牟取利益。如果受托人利用信托财产为自己牟取利益，势必忽视甚至损害受益人的利益，这就有悖于委托人设立信托的初始目的和意义。

禁止自我交易，是指使慈善信托财产与受托人固有财产相区别，受托人不得将慈善信托财产转为其固有财产。受托人将其固有财产与信托财产进行交易的行为，表面上是不同主体之间的相互交易，但实施整个交易行为的实际上都是受托人一人，这种交易实为自我交易。受托人一人兼任此类交易中的双方当事人，其受托人的职责与个人利益势必相冲突。信托文件另有规定或者经委托人同意，并以公平的市场价格进行交易的除外。

二是谨慎义务，见载于《慈善信托管理办法》第 24 条。

谨慎义务，又称为善管注意义务。慈善信托成立后，信托财产虽在受托人名下，由受托人实际控制，但并非受托人的固有财产。受托人对信托财产的管理或者处分，是为了受益人的最大利益，其必须以最大勤勉的精神和格外谨慎的态度，履行其作为善良管理人的义务。

当受托人被信托文件赋予一定的投资裁量权，受托人为专业人员并收取信托报酬时，即被要求承担更高程度的谨慎义务。《慈善信托管理办法》第 30 条规定，慈善信托财产运用应当遵循合法、安全、有效的原则，可以运用于银行存款、政府债券、中央银行票据、金融债券和货币市场基金等低风险资产，但委托人和信托公司另有约定的除外。

如存在“另有约定”的情况,那么受托人在对信托财产进行投资时,应仔细考虑经济环境、税费负担、投资回报率和资产增值、资产流动性等方面的情况,受托人必须具备尽调和判断的技能,并毫无保留地运用。

《慈善信托管理办法》第 36 条规定,受托人违反法律、行政法规和信托文件的规定,造成慈善信托财产损失的,应当以其固有财产承担相应的赔偿责任。

三是分别管理和亲自管理义务。《慈善信托管理办法》第 27 条规定,受托人必须将慈善信托财产与其固有财产分别管理、分别记账,并将不同慈善信托的财产分别管理、分别记账。该管理办法第 29 条规定,受托人应当自己处理慈善信托事务,但信托文件另有规定或者有不得已事由的,可以委托他人代为处理。受托人依法将慈善信托事务委托他人代理的,应当对他人处理慈善信托事务的行为承担责任。

四是信息披露和报告义务。《慈善信托管理办法》第 33 条规定,受托人应当根据信托文件和委托人的要求,及时向委托人报告慈善信托事务处理情况、信托财产管理使用情况。

该管理办法第 41 条规定,自慈善信托终止事由发生之日起 15 日内,受托人应当将终止事由、日期、剩余信托财产处分方案和有关情况报告备案的民政部门。

该管理办法第 42 条规定,慈善信托终止的,受托人应当在 30 日内作出处理慈善信托事务的清算报告,向备案的民政部门报告后,由受托人予以公告。慈善信托若设置信托监察人,清算报告应事先经监察人认可。

作为《信托法》意义上的受托人,其还需要保障信托财产的独立性、避免关联交易、加强反洗钱工作、做好备案工作、做好档案管理、加强慈善信托模式创新等。

二十一、监察人的权利和义务有哪些？

回答：

慈善信托的委托人根据需要，可以确定信托监察人。监察人一方面是委托人权益的维护者，另一方面是受托人行为的监督者。监察人一般为慈善组织、律师事务所、会计师事务所等专业机构，或者信托公司，但不得是慈善信托委托人、受托人及其关联人。

信托监察人通过对受托人的行为进行监督，依法维护委托人和受益人的权益。信托监察人发现受托人违反信托义务或者难以履行职责的，应当向委托人提出，并有权以自己的名义提起诉讼。

二十二、委托人和受托人如何保障慈善信托真正用于公益慈善目的？

回答：

委托人应选择声誉好、内控健全、慈善项目执行能力强的受托人。受托人是慈善信托资金名义上的所有人，是慈善信托的管理人。内控健全的受托人，其内控环境、内控制度、内控流程、内控监督、内控检查等措施会使信托活动严格遵守信托文件的约定，保证慈善信托不会偏离慈善目标。慈善信托项目执行能力强的受托人能保证信托目的的高效实现。

委托人和受托人要合理确定信托目的，确保资金用于《慈善信托管理办法》第 7 条规定的慈善信托。

委托人和受托人要合理确定受益人范围及选定的程序和方法，保

证受益人不是委托人和受托人的利害关系人。(详见问题二十七)

委托人和受托人要保证慈善信托的财产及其收益全部用于慈善目的。(详见问题二十六)

委托人和受托人要签署书面信托文件。

要重视信托监察人的作用。虽然没有强制要求设立监察人,但是在实际操作中,要尽量设置监察人,发挥监察人在监督慈善信托中的作用。(详见问题二十一)

要让受托人主动接受监管部门的监督管理,不逃避监管,要用政府监管来降低慈善信托偏离公益慈善的风险。《慈善信托管理办法》第 49 条规定,民政部门和银行业监督管理机构根据各自法定管理职责,对慈善信托的受托人应当履行的受托职责、管理慈善信托财产及其收益的情况、履行信息公开和告知义务以及其他与慈善信托相关的活动进行监督检查。该管理办法第 50 条规定,民政部门和银行业监督管理机构根据各自法定管理职责,联合或委托第三方机构对慈善信托的规范管理、慈善目的的实现和慈善信托财产的运用效益等进行评估。(详见问题二十五、问题二十九)

要加强慈善信托的信息公开,将慈善信托始终置于委托人和公众的监控下,确保慈善信托公益目标的实现。(详见问题二十)

二十三、慈善信托有没有特定的受益人?

回答:

从严格的法律意义上分析,慈善信托没有特定的、明确的受益人,这是慈善信托与普通信托的一个主要区别。

因此,《慈善信托管理办法》对受益人的表述不多,如第 10 条要求委托人不得指定或者变相指定与委托人或受托人具有利害关系的人作为受益人,又如第14条要求慈善信托文件中应当明确受益人范围及选定的程序和方法、受益人取得信托利益的形式和方法。

在慈善信托的实践中,受益人必须是《慈善法》规定领域下的不特定社会公众,或者由为不特定社会公众利益服务的组织(项目执行人)作为名义受益人。需要明确的是,信托利益的归属者一般无法主张权利,监督信托运作,但是信托合同中一般把信托利益的不特定的归属者视为受益人,但并未说明其主张权利的条款,说明在实际操作中,仍将信托利益的归属者视为受权人,只是采用了受益人的表述而已。

二十四、慈善信托具体项目执行人的义务有哪些?

回答:

慈善信托的项目执行人是慈善信托资金划拨的接收方,其在名义上属于受益人,但实质上需要基于信托目的为不特定社会公众服务。

项目执行人一般为事业单位、社会团体或慈善组织。事业单位,是指由国家机关举办或者由其他组织利用国有资产举办的为社会公益目的而从事教育、科技、文化、卫生等活动的社会服务组织。社会团体,是指中国公民自愿组成的,按照其章程开展活动的非营利性社会组织。慈善组织,是指依法成立、符合《慈善法》规定,以面向社会开展慈善活动为宗旨的非营利性组织,慈善组织可以采取基金会、社会团体、社会服务机构等组织形式。执行人须有自身的名称、住所、组织章程、必要的财产、符合条件的组织机构和负责人。

公益项目实施前,决策委员会选定的项目执行人根据与委托人、受托人签署的《项目合作协议》向受托人建议公益项目,向受托人提供拟资助的公益项目基本信息(含活动名称、活动内容、资助金额、费用明细、受益人名单及证明材料等)。

公益项目实施完毕后,项目执行人应向受托人提交加盖公章的《执行报告》、相关票据凭证、活动照片和录像等资料。

二十五、慈善信托应该遵照的原则有哪些?

回答:

慈善信托应该遵照的原则分为两类:一类是法律明文规定的原则,另一类是在慈善信托实践中达成共识的原则。

第一类原则包括:

合法、自愿、诚信的原则。慈善信托不得违背社会公德、危害国家安全、损害社会公共利益和他人合法权益。

全部公益原则。慈善信托财产及其收益,应当全部用于慈善目的。

避免关联原则。慈善信托的委托人不得指定或者变相指定与委托人或受托人具有利害关系的人作为受益人。

近似原则。慈善信托终止,没有信托财产权利归属人或者信托财产权利归属人是不特定的社会公众的,经备案的民政部门批准,受托人应当将信托财产用于与原慈善目的相近似的目的,或者将信托财产转移给具有近似目的的其他慈善信托或者慈善组织。

第二类原则包括:

公益效率原则。这个原则体现在《慈善信托管理办法》第 49 条、第 50 条中,但并未使用"公益效率原则"的名称。慈善信托必须评估投入和产出的关系，不能不计成本地大规模动员人力、财力和物力，从而避免浪费。慈善信托决策者应该考虑公益慈善项目的基本成本和需求，对项目中必需的经济支出，如食宿、交通费等原则上应该进行补助或补偿。

公共利益优先原则。要求慈善信托始终坚持把公众利益放在首位，同时要重视其引起的公众反应，关心整个社会的进步与发展。

还有一些原则和受托人义务重合度较高，主要在问题二十中进行阐述。

二十六、全部公益原则是什么？

回答：

全部公益原则，是指慈善信托财产及其收益，应当全部用于慈善目的，这是对《信托法》中第 63 条公益信托相关原则的延续，防止一些资金“以慈善之名，行避税之实”。监管规定，慈善信托受托人将信托财产及其收益用于非慈善目的，或未按照规定将信托事务处理情况及财务状况向民政部门报告或者向社会公开的，将依法对其予以行政处罚。

具体来讲，必须满足三个要求：(1)信托的目的必须是慈善性的；(2)信托必须是促进公共利益的；(3)信托必须是整体上、绝对性地具有慈善性，即不能混杂慈善与非慈善的目的。总结起来即三个方面：(1)主观上具有为了公益的目的；(2)客观上有促进公益的效果；(3)不能掺杂公益以外的目的。

二十七、避免关联原则是什么？

回答：

避免关联原则属于全部公益原则的衍生原则。根据《慈善信托管理办法》的规定，慈善信托的委托人不得指定或者变相指定与委托人或受托人具有利害关系的人作为受益人。根据英国关于慈善信托的诸多判例，在符合公益慈善目的范围的前提下，受益人与委托人之间存在私人关系足以否定一个慈善信托的公益属性。

原因在于慈善信托受益人要构成社会公众的一部分，必须完全基于一种非私人关系，符合与特定个人无关联的特性。如果存在亲属等利益关系，那么受益人既不构成社会公众，也不构成社会公众的一部分。

二十八、近似原则是什么？

回答：

近似原则也属于全部公益原则的衍生原则。慈善信托设立后，信托目的已经实现或已经不能实现的，剩余的信托财产应当用于与原信托目的相近似的目的，不能归属于个人或用于私人目的。经备案的民政部门批准，受托人应当将信托财产用于与原慈善目的相近似的目的，或者将信托财产转移给具有近似目的的其他慈善信托或者慈善组织。

二十九、哪些政府部门对慈善信托实施监督管理？

回答：

《慈善信托管理办法》第 6 条规定，国务院银行业监督管理机构及其派出机构、国务院民政部门及县级以上地方各级人民政府民政部门根据各自法定职责对慈善信托实施监督管理。

对慈善信托实施监督管理的主体部门是民政部及各地方民政局，

受托人为信托公司的慈善信托接受银行业监督管理机构对信托公司主体资格及行为的监管，两者各有分工、互相支持。

《慈善信托管理办法》对银监部门和民政部及各地方民政局的职责进行了相对清晰的规定。例如，该办法第 6 条明确了银行业监督管理机构和民政部及各地方民政局根据各自法定职责对慈善信托实施监督管理的原则；该办法第 47 条明确，银行业监督管理机构负责“信托公司慈善信托业务和商业银行慈善信托账户资金保管业务的监督管理工作”，而民政部及各地方民政局负责“慈善信托备案和相关监督管理工作”。其他章节基本上按照此原则和职责分工来具体规定，无论是第三章的备案环节还是第五章关于慈善信托的变更和终止，都明确规定由民政部及各地方民政局来负责。

该办法对于具体分工负责的事项进行了逐条规定，具体包括《慈善信托管理办法》第 49 条、第 50 条、第 51 条、第 54 条、第 55 条，尽管这些条文行文时都采用民政部门和银行业监督管理机构的一体表述，但是由于民政部及各地方民政局是最主要的监管部门，所以这里所呈现的其实是厘清银行业监督管理机构的具体监管事项的内容，包括：对担任慈善信托受托人的信托公司应当履行的受托职责、管理慈善信托财产及其收益的情况、履行信息公开和告知义务以及其他与慈善信托相关的活动进行监督检查；联合民政部门及各地方民政局或委托第三方机构对慈善信托的规范管理、慈善目的的实现和慈善信托财产的运用效益等进行评估；可以与受托人的主要负责人和相关人员进行监督管理谈话，要求就受托人的慈善信托活动和风险管理的重大事项作出说明；接受并及时处理对受托人的投诉和举报；应当及时向社会公开下列慈善信托信息，即慈善信托备案事项，慈善信托终止事项，对慈善信托检查、评估的结果，对慈善信托受托人的行政处罚和监管措施的结果,以及法律法规规定应当公开的其他信息。

由于慈善信托涉及的领域很广,因此慈善信托的监管部门可能会增加,如税务部门等。

三十、《慈善信托管理办法》是否适用于境外慈善信托?

回答:

不适用。一是受《慈善信托管理办法》监管的核心主体需要在中国境内注册。《慈善信托管理办法》第16条规定,信托公司担任受托人的,由其登记注册地设区市的民政部门履行备案职责;慈善组织担任受托人的,由准予其登记或予以认定的民政部门履行备案职责。

二是《慈善信托管理办法》第5条规定,慈善信托的委托人、受托人、受益人以及监察人在中华人民共和国境内开展慈善信托,适用该办法。

三是根据属地管辖原则,在境外设立的慈善信托受其所在地政府的司法管辖权限制,将排斥中方的管辖权限。

四是由于各国社会文化和其他相关法律差异巨大,中国的慈善信托管理办法很难适用于当地实际情况。

不过,随着各国交流的不断加深和我国国际影响力的增强,一些东南亚国家、非洲国家等可能会参考中国慈善信托的管理规则。

第二章　慈善信托的设立

一、慈善信托的目的是什么？

简答：

慈善信托是为了慈善（公益）目的而设立的信托。慈善信托的目的设置需要满足两个要求：（1）符合《慈善法》中列举的目的；（2）满足公共利益，受益人应当是不特定的社会公众。对公众的范围可以进行限定，但限定必须要有限度。

详答：

我国《信托法》没有给慈善（公益）目的下抽象的定义，《信托法》第60条规定，“为了下列公共利益目的之一而设立的信托，属于公益信托：（一）救济贫困；（二）救助灾民；（三）扶助残疾人；（四）发展教育、科技、文化、艺术、体育事业；（五）发展医疗卫生事业；（六）发展环境保护事业，维护生态环境；（七）发展其他社会公益事业”。

《信托法》第60条通过列举加兜底条款的方式规定了公益事业的类型，而《慈善法》第3条又细化了相关条目，即（1）扶贫、济困；（2）扶老、救孤、恤病、助残、优抚；（3）救助自然灾害、事故灾难和公共卫生事件等突发事件造成的损害；（4）促进教育、科学、文化、卫生、体育等事业的发展；（5）防治污染和其他公害，保护和改善生态环境；（6）符合本法规定的其他公益活动。

这里需要注意，《信托法》以“发展其他社会公益事业”作为兜底条款，判断是否构成公益慈善目的的背后是一种政策衡量，也符合我国国情。例如，我国如期完成了新时代脱贫攻坚目标任务后，以乡村振兴为目的的慈善信托也成了主流的类型之一。

综上可以认为，目前，民政部门在认定慈善目的方面是比较灵活和宽松的。

二、慈善信托的委托人应当是什么人或组织?

简答:

慈善信托的委托人应当是具有完全民事行为能力的自然人、法人或者依法成立的其他组织。

详答:

《慈善信托管理办法》第8条规定,慈善信托的委托人应当是具有完全民事行为能力的自然人、法人或者依法成立的其他组织。

委托人可以为一人,也可以为两人或两人以上。根据信托文件约定或者经原委托人同意,可增加新的委托人。

三、慈善信托的受托人应当是什么组织? 如何选择?

简答:

慈善信托的受托人可以由慈善组织或者信托公司担任,由委托人选择其信赖的组织。

详答:

《慈善信托管理办法》第9条规定,慈善信托的受托人可以由委托人确定其信赖的慈善组织或者信托公司担任。

一个慈善信托至少有一个受托人,也可以是两个或两个以上受托人为共同受托人。

信托公司担任受托人的,除具备正常经营应具备的条件外,通常还应具备以下条件:(1)具备与开展慈善信托业务相关的管理和服务能力,具有开展慈善信托业务所需的专业团队和人员;(2)具有完善的慈善信托业务操作制度流程，并建立相应的风险控制体系；（3）具有与慈善信托业务相适应的安全且合规的信息系统，具备保障慈善信托业务持续运营的技术与措施。

慈善组织担任受托人的，应具备以下条件：（1）具备与开展慈善信托业务相关的管理和服务能力，具有开展慈善信托业务所需要的专业团队和人员，内部治理结构规范；（2）具有完善的慈善信托业务组织架构、操作制度流程，并建立相应的风险控制体系；（3）具备保障慈善信托业务持续运营的技术与措施，确保慈善信托财产与其固有财产独立以及确保每个慈善信托进行独立运作和独立财务核算；（4）未被纳入异常名录，未因违反社会组织相关法律法规受到行政处罚，没有其他违反法律、法规、国家政策的行为。

四、当慈善组织作为委托人或受托人时，慈善信托目的及资金适用范围是否需要和慈善组织的业务范围相符？

简答：

不需要相符。

详答：

当慈善组织担任委托人时，慈善信托目的及资金适用范围无须与委托人业务范围相符。

《慈善信托管理办法》第 2 条规定，该办法所称慈善信托属于公益信托，是指委托人基于慈善目的，依法将其财产委托给受托人，由受托人按照委托人意愿以受托人名义进行管理和处分，开展慈善活动的行为。可见，慈善信托目的取决于委托人意愿，并非取决于委托人的业务范围。

当慈善组织担任受托人时，慈善信托目的及资金适用范围可以与受托人业务范围相符。若不相符,慈善组织可以委托他人代为处理。《慈善信托管理办法》第 24 条规定,受托人管理和处分慈善信托财产,应当按照慈善信托目的,恪尽职守,履行诚信、谨慎管理的义务。《慈善信托管理办法》第 29 条规定,受托人应当自己处理慈善信托事务,但信托文件另有规定或者有不得已事由的,可以委托他人代为处理。受托人依法将慈善信托事务委托他人代理的,应当对他人处理慈善信托事务的行为承担责任。可见,当慈善组织担任受托人时,可以根据具体情况自己处理信托事务,也可以委托他人代为处理信托事务。

五、慈善信托的受益人如何选定?

简答:

在符合信托目的的前提下,受益人由委托人、委托人指定的执行机构、决策委员会选定,但需要符合《慈善信托管理办法》第 10 条的规定。

详答:

《慈善信托管理办法》第 10 条规定,慈善信托的委托人不得指定或者变相指定与委托人或受托人具有利害关系的人作为受益人。

原则上只要受益人不是一个具体、特定的人就可以。比如,在特定区域居住、生活的人,他们作为受益人都是被允许的。

六、慈善信托的受益人是否可以由委托人指定?

简答:

可以。但委托人不得指定与其具有利害关系的人作为受益人。

详答：

《慈善法》第40条第1款规定，捐赠人与慈善组织约定捐赠财产的用途和受益人时，不得指定捐赠人的利害关系人作为受益人。

受益人不特定的要求只是慈善信托设立时的要求，目的是排除委托人通过设立慈善信托向关联人输送利益。只要有证据证明委托人与其指定的受益人之间不存在利害关系，至于受益人是否人数众多，并非关键。例如，委托人在信托文件中确定了受益人的遴选条件，即使最后符合条件的只有一位，原则上也不能否认该慈善信托的有效性。

七、慈善信托是否需要设置监察人？为什么？

简答：

建议设置，但非必要。

详答：

《信托法》第64条关于慈善信托监察人的规定为强制性规定，由此可见，信托监察人是慈善信托的必设机构。主要是由于慈善信托受益人不特定，故可以监督信托的具体受益人通常不存在，基于慈善信托中结构性的失衡，再加上涉及公共利益，设置信托监察人代表受益人行使权利，维护受益人的利益是十分必要的。

《慈善法》第49条规定："慈善信托的委托人根据需要，可以确定信托监察人。信托监察人对受托人的行为进行监督，依法维护委托人和受益人的权益。信托监察人发现受托人违反信托义务或者难以履行职责的，应当向委托人报告，并有权以自己的名义向人民法院提起诉讼。"

由于《信托法》是私法,因此也不排除当事人在信托中自愿设置监察人的情况。结合我国的慈善事业仍处于发展阶段的国情,更多的是鼓励而非监督,故实操上设置监察人的慈善信托占比很少。

八、慈善信托设立时必须有信托财产吗?是否有规模门槛?

简答:

慈善信托设立时必须有信托财产,无规模门槛。

详答:

《慈善信托管理办法》第12条第1款规定,设立慈善信托,必须有确定的信托财产,并且该信托财产必须是委托人合法所有的财产。该办法中未规定门槛金额。信托规模通常根据慈善项目运作需求而定。

九、设立慈善信托的财产是否可以来自公募募集?

简答:

《慈善法》对于设立慈善信托的财产的募集范围并未进行明确规定。

详答:

《慈善法》对于设立慈善信托的财产的募集范围并未进行明确规定。根据原中国银行业监督管理委员会办公厅《关于鼓励信托公司开展公益信托业务支持灾后重建工作的通知》(银监办发〔2008〕93号)第4条第1款的规定,"信托公司设立公益信托,可以通过媒体等方式公开进行推介宣传。公益信托的委托人可以是自然人、机构或者依法成立的其他组织,其数量及交付信托的金额不受限制"。通过这一规定可以看出,明显允许设立公益信托的时候进行媒体宣传,而且募集不限制金额。在开展公益信托业务的过程中,部分信托公司也进行了公开推介的尝试。信托制度具有普惠性,慈善信托不应仅成为少数有钱人做慈善的方式,而应成为社会公众参与慈善活动的一种新途径,只有这样,慈善信托的规模才能够不断变大,慈善信托才能起到推动我国慈善事业发展上新台阶的作用。因此,我们建议应允许慈善信托面向不特定公众募集资金。

十、慈善信托财产必须由委托人名下账户交付吗?

简答:

是的。

详答:

《信托法》第7条第1款规定,设立信托,必须有确定的信托财产,并且该信托财产必须是委托人合法所有的财产。

信托公司基于此条款及反洗钱工作的要求,需要尽调客户资金来源是否合法。该资金必须是委托人名下的合法财产才能进行交付,如果是夫妻共同财产,还需要配偶签名。

十一、设立慈善信托的书面形式有哪些?

简答:

信托合同、遗嘱。

详答:

《慈善信托管理办法》第13条规定,设立慈善信托的书面形式包括信托合同、遗嘱或者法律、行政法规规定的其他书面文件等。《民法典》第469条第2款规定:“书面形式是合同书、信件、电报、电传、传真等可以有形地表现所载内容的形式。”

就实务而言,设立慈善信托的最主要的书面形式为信托合同;而在2021年9月2日出现了全国首例遗嘱慈善信托;以信件、电报、电传、传真等书面形式设立的慈善信托则尚未出现。

因慈善信托的设立需考虑各相关方权利义务、信托目的、慈善项目、受益人范围等重要内容,故不建议以信件、电报、电传、传真等形式进行设立。

案例:

2021年9月2日,25岁的湖南大学在读博士生邹先生设立遗嘱慈善信托,捐出自己死后的全部存款。据公开渠道查询,该遗嘱慈善信托由两名律师作为遗嘱监察人,由湖南省三诺糖尿病公益基金会作为受益人。

与普通慈善信托不同的是,该遗嘱慈善信托通过“遗嘱 + 遗嘱执行人 + 信托合同”的模式设立,由于该遗嘱尚未生效,遗嘱执行人尚未与受托人签署信托文件,因此尚无法根据《慈善信托管理办法》为其办理慈善信托备案。

十二、慈善信托文件要列明的事项有哪些?

简答:

慈善信托的合同文件需要载明的事项包括:(1)慈善信托名称;(2)慈善信托目的;(3)委托人、受托人的姓名或者名称、住所,如设置监察人,应载明监察人的姓名或者名称、住所;(4)受益人范围及选定的程序和方法;(5)信托财产的范围、种类、状况和管理方法;(6)年度慈善支出的比例或数额;(7)信息披露的内容和方式;(8)受益人取得信托利益的形式和方法；(9)信托报酬收取标准和方法。除此之外，可以载明信托期限、新受托人的选任方式、信托终止事由、争议解决方式等事项。

详答：

设立信托的行为属于民事行为、契约行为，应先由委托人向其信赖的受托人提出信托意向，双方达成初步合意后，签订的信托文件应当采取书面形式。

依据《慈善法》第45条、《信托法》第8条和第9条、《慈善信托管理办法》第13条和第14条，并参考《信托公司受托责任尽职指引》的规定，设立慈善信托，应明确慈善信托相关行为只能是书面形式，即设立慈善信托属于要式行为，若没有采用书面形式可能会导致慈善信托设立失败或无效。

慈善信托文件(见附件2－1)应当包含以下内容：(1)慈善信托的名称、目的和期限；(2)委托人、受托人的姓名或者名称、住所地址；(3)不与委托人存在利害关系的不特定受益人的范围以及受益人选定的方法和程序；(4)受益人取得信托利益的形式和方法；(5)保管人的名称及其住所地址；(6)慈善信托财产的范围、种类、状况和管理办法；(7)每年用于慈善目的支出的数额或比例；(8)委托人、受托人和监察人的权利、义务，有两个或两个以上受托人的，需要明确职责和分工；(9)慈善信托财产的管理运用方式；(10)慈善信托财产管理中风险揭示、控制和承担；(11)信托报酬、第三方保管费及其他应由信托财产及其收益承担的费用的收取标准和方法；(12)受托人的变更、新受托人的选任、信托财产及信托事务交接的约定；(13)慈善信托的终止和剩余财产的处理约定；(14)慈善信托委托人、受托人及受益人产生争议的解决方式；(15)信息披露的内容和方式；(16)如设置信托事务执行人,信托事务执行人的姓名或者名称、住所地址、权利和义务;(17)如设置监察人,监察人的姓名或者名称、住所地址;(18)法律法规规定的其他事项。

需要特别说明的是,公益/慈善信托的设立本就是基于委托人/捐赠人的社会责任感和使命感,故对于慈善信托,特别是期限较长的慈善信托(10 年左右或更长期的),可以在其信托文件中载明该慈善信托的"愿景"、"使命"或"价值观"。信托设立后,受托人和监察人(若有)可以对照信托文件中的"愿景"、"使命"或"价值观"检查该慈善信托的运作与管理情况。

附件 2-1 慈善信托的信托文件(《风险申明书》及《信托合同》目录页模板)

合同编号:

中信登产品编码:【 】

××××慈善信托

受托人:××××信托公司/慈善组织

中信登产品编码:【　　　　　　】

××××慈善信托
风险申明书

尊敬的委托人:

感谢您对××××信托公司/慈善组织(以下简称受托人)的信任,将自己合法所有的财产委托给受托人,设立本信托。本信托符合社会责任。在您签署《××××慈善信托风险申明书》(以下简称《风险申明书》)前,请仔细阅读《××××慈善信托合同》(以下简称《信托合同》)及《风险申明书》(以下将《风险申明书》及《信托合同》统称为信托文件)的具体内容。

××××信托公司/慈善组织作为受托人特别提示:

一、本信托项下,受托人将信托财产用于信托文件规定的公益慈善目的,即________________。本信托的财产及其收益全部用于信托文件规定的公益慈善目的,不得用于非公益慈善目的。

二、尽管受托人承诺管理信托财产将恪尽职守,履行诚实、信用、谨慎、有效管理的义务,但在信托财产管理运用和处分过程中,仍存在包括但不限于法律政策风险、操作风险、市场风险、投资风险、流动性风险、不可抗力风险等,具体详见信托合同。

三、受托人郑重声明:将严格按照信托文件中约定的方式对信托财产进行管理、运用和处分,但不承诺信托资金的最低收益。受托人因违背信托文件或处理信托事务不当而造成信托财产损失的或者给第三人造成损失的,由受托人以固有财产赔偿。

四、委托人申明已充分理解信托文件的内容,了解相关权利、义务及信托投资所面临的风险收益特征。受托人在签订合同前已经充分向委托人说明了信托财产运用方式和范围。委托人已知晓并愿意承担相应的风险。

五、委托人申明用于设立信托的财产为委托人合法所有的具有完全支配权的财产,未非法汇集他人资金设立本信托,信托设立目的合法,未损害其债权人的利益。委托人已经充分知晓本项目的慈善属性,自愿将其财产委托给受托人,并充分认可本项目的慈善目的和运作方式,由受托人按照本信托文件的约定进行管理和处分,开展慈善活动。

六、在签署信托文件前,委托人应当仔细阅读《风险申明书》《信托合同》以及其他相关信托文件,谨慎作出是否签署信托文件的决定。委托人或其代理人在本《风险申明书》上签字,即表明委托人本人或其代理人已认真阅读并理解全部的信托文件,并愿意依法承担相应的风险。

委托人或其代理人签署和执行本《风险申明书》是自愿的,属于委托人或其代理人的真实意思表示,代理人已经取得全部必需的合法授权,且未违背任何对委托人有约束力的法律或合同。委托人或其代理人签署和执行本《风险申明书》所需的手续均已被合法、有效地办理完毕。

本风险申明书一式六份,委托人、受托人各持一份,向民政部门报备四份,每份均具有同等法律效力。

(以下无正文)

目　录

十三、非资金类慈善信托有哪些类型？

简答：

非资金类慈善信托包括实物资产、股权资产、金融产品、无形资产等非货币性资产慈善信托。

详答：

非资金类慈善信托，是指慈善信托财产为非货币性资产的慈善信托，主要分为以下几类：(1)实物资产，如食品、商品、艺术品等动产；房地产等不动产。(2)股权资产，主要包括上市公司股权、非上市公司股权等。(3)金融产品，主要包括保险产品、信托产品、金融衍生品、有价证券等金融产品及其收益权。(4)无形资产，主要包括著作权、专利权等无形资产。(5)其他非货币性资产。

十四、非资金类慈善信托的设立流程有何不同?

简答:

非资金类慈善信托与资金类慈善信托设立流程的最主要的不同是信托财产的确认及转移。

详答:

对于不同类型的非资金类慈善信托财产,在设立时依据不同的法律及规定确认慈善信托财产的价值,并将慈善信托财产由委托人处转移至慈善信托名下。例如,动产主要是确认信托财产价值且签署信托财产交接函并移交物资;不动产、股权及无形资产主要是过户至受托人由受托人代持,由慈善信托成为所有人;金融产品主要是签署信托财产及受益权转让协议,将慈善信托作为金融产品的所有人或最终受益人。

十五、就非资金慈善信托而言,信托财产如何选定保管人?

简答:

建议由委托人和受托人协商,选择具有公信力、保管能力的第三方法人机构为非资金慈善信托保管人。

详答:

《慈善信托管理办法》第28条规定,对于非资金信托,当事人可以委托第三方进行保管。在实际操作过程中,经备案设立的非资金慈善信托仍较少,相应信托财产的管理方式各异。

目前国内最知名的非资金慈善信托案例为:鲁冠球三农扶志基金慈善信托,其真正实现了股权转让变更登记,股权资产归属慈善信托所有,由受托人万向信托股份有限公司按照《鲁冠球三农扶志基金章程》《鲁冠球三农扶志基金慈善信托合同》等信托文件管理信托财产。

另有,万向信托股份有限公司受托的艺酷慈善信托、长安国际信托股份有限公司受托的长安慈·长安艺术学堂慈善信托,分别涵盖的画作、艺术课程等非资金信托财产均由受托人进行保管。

十六、什么是客户权益慈善信托?

简答:

客户权益慈善信托,是指以客户权益为信托财产的慈善信托。客户权益,是指特定机构与客户通过协议而生成的在经济和法律上有真实对价的财产权利。

详答:

客户权益,是指机构与客户通过服务或者交易活动而协议生成的、在经济和法律上有真实对价的财产权利。客户权益可以通过该特定机构兑换为有价实物或服务。如客户在银行或者其他金融机构会获取一定积分,积分可兑换相关实物。

利用客户权益作为信托财产从事慈善活动会遇到一些问题,如当客户权益直接置入信托时可能发生信托财产使用不灵活、不宜作为慈善支出、阻碍信托目的实现等情况。因此,将客户权益折现为资金置换入信托可增加信托财产的便捷使用。

客户权益因积累时间限制在通常情况下数额不大,因此这类慈善信托在初期多为中小型慈善信托,可能产生受托人管理成本高,影响受托人服务积极性、阻碍该类信托的发展等问题。解决的办法是,在兼顾委托人意愿的前提下,可将客户权益慈善信托的设立、管理进行批次化、流程化管理,从而有效降低管理成本。

对于金融机构而言,客户权益慈善信托既可以实现商业价值亦可以带动慈善业务的发展;对于客户而言,通过客户权益慈善信托既可以在相关机构享受金融或其他服务,又可以满足慈善需求,有利于打造金融公益生态圈并实现财富社会价值。

十七、国内所有商业银行都能开具慈善信托专户吗?

回答:

《慈善信托管理办法》第 28 条规定,对于资金信托,应当委托商业银行担任保管人,并且依法开立慈善信托资金专户。依据该条规定,所有商业银行均可以开具慈善信托专户。

在实际工作中,当受托人为信托公司时,委托商业银行担任保管人并开具慈善信托专户的业务操作流程较为顺畅;当受托人为慈善组织时,因部分商业银行托管业务对账户主体的设置不涵盖慈善组织,慈善信托专户的开设流程尚有阻碍。

第三章　慈善信托的备案

一、慈善信托文件签订后的备案时限是几日？

回答：

根据《慈善信托管理办法》第 15 条的规定，受托人应当在慈善信托文件签订之日起 7 日内（自然日，非工作日），将相关文件向受托人所在地县级以上人民政府民政部门备案。未按上述规定将相关文件报民政部门备案的，不享受税收优惠。在实务中，由于签订信托文件后还需要完成开立账户、交付信托财产等流程，故建议签订信托文件时可以先不写日期，待备案时再写日期。

二、不同受托人（慈善组织或信托公司）的备案机关有何不同？

回答：

慈善组织或信托公司的备案机关均为民政部门。根据《慈善信托管理办法》第 16 条的规定，信托公司担任受托人的，由其登记注册地设区市的民政部门履行备案职责；慈善组织担任受托人的，由准予其登记或予以认定的民政部门履行备案职责。

三、当有两个或两个以上受托人时，由谁负责备案？

回答：

先确定其中承担主要受托职责的一个受托人，再由其备案，其他受托人所在地的民政部门共享备案信息。根据《慈善信托管理办法》第 17 条的规定，同一慈善信托有两个或两个以上的受托人时，委托人应当确定其中一个承担主要受托管理责任的受托人按照本章规定进行备案。备案的民政部门应当将备案信息与其他受托人所在地的县级以上人民政府民政部门共享。

四、慈善信托备案需要向民政部门提交的书面材料包含哪些?需要一式几份?

回答:

根据《慈善信托管理办法》第18条的规定,慈善信托的受托人向民政部门申请备案时,应当提交以下书面材料:(1)备案申请书;(2)委托人身份证明(复印件)和关于信托财产合法性的声明;(3)担任受托人的信托公司的金融许可证或慈善组织准予登记或予以认定的证明材料(复印件);(4)信托文件;(5)开立慈善信托专用资金账户证明、商业银行资金保管协议,非资金信托除外;(6)信托财产交付的证明材料(复印件);(7)其他材料。

以上材料一式四份,由受托人提交履行备案职责的民政部门指定的受理窗口。(具体以当地民政部门要求为准)

备注:交付的信托财产为非货币资产的,可以根据实际情况与当地民政部门沟通提交其他相关财产交付的证明材料,如转让协议及相关确认函等,具体以民政部门相关要求为准。

案例:光信善·蓝帆医疗实物救援慈善信托,其是全国首单医疗实物类慈善信托,我们可参考其备案方式。

备案材料:除资金信托规定的其他文件外,财产证明文件主要是信托财产交接函。(交接函需要委托人和受托人盖章,明确财产类型、明细及金额)

五、当慈善信托发生变更时，受托人向原备案民政部门申请变更备案的时限是怎样的？

回答：

根据《慈善信托管理办法》第 19 条的规定，备案后，发生该办法第 38 条规定的部分变更事项（如增加新的委托人、增加信托财产、变更信托受益人范围及选定的程序和方法等）时，慈善信托的受托人应当在变更之日起 7 日（自然日，非工作日）内按照该办法第 18 条的规定向原备案的民政部门申请备案，并提交发生变更的相关书面材料。如当月发生两起或两起以上变更事项的，可以在下月 10 日前一并申请备案。（具体以当地民政部门要求为准）

六、慈善信托变更备案要提交的书面材料有哪些？（附参考模板）

回答：

根据《慈善信托管理办法》第 20 条的规定，慈善信托的受托人违反信托义务或者难以履行职责的，委托人可以变更受托人。变更后的受托人应当在变更之日起 7 日内，将变更情况报原备案的民政部门重新备案。

申请重新备案时，应当提交以下书面材料：（1）原备案的信托文件和备案回执（见附件 3－1）；（2）重新备案申请书（见附件 3－2）；（3）原受托人出具的慈善信托财产管理处分情况报告（见附件 3－3）；（4）作为变更后受托人的信托公司的金融许可证或慈善组织准予登记或予以认定的证明材料（复印件）；（5）重新签订的信托合同等信托文件；（6）开立慈善信托专用资金账户证明、商业银行资金保管协议,非资金信托除外;(7)其他材料。

以上书面材料一式四份,由变更后的受托人提交原备案的民政部门受理窗口。(报告样式仅为参考模板,具体报告以实际项目情况以及各地民政部门要求为准,一般可通过当地政务服务网下载相关要求模板)

附件 3-1　备案回执

(备案编号:　　　　　　　　　)

慈善信托备案存单

(受托人)于________年____月____日办理____________(慈善信托文件名称)备案手续,备案文件符合备案要求,予以备案。

经办人签字:

备案回执单领取人签字:

身份证号:

联系电话:

(备案编号：　　　　　　　)

慈善信托备案回执

(受托人)：

你机构于________年____月____日办理____________(慈善信托文件名称)备案手续，备案文件符合备案要求，现予以备案。

慈善信托文件内容变更或慈善信托终止，请持此回执单重新办理相关手续。

年　　月　　日

注：1. 备案编号：由备案民政机关编制。

2. 备案编号规则：行政区划代码 + 备案主体区别码 + 备案确定自然序号(六位)。

3. 备案主体区别码：信托公司作为受托人，区别码为0；慈善组织作为受托人，区别码为1。

附件3－2　重新备案申请书

慈善信托重新备案申请书

原慈善信托备案回执编号：×××××××

重新备案受理编号:×××××××

慈善信托名称:×××××××

原受托人名称:×××××××

原受托人资格证明号码:×××××××

原受托人住所:×××××××

原受托人邮政编码:×××××××

原受托人联系方式:×××××××

变更后受托人名称:×××××××

变更后受托人资格证明号码:×××××××

变更后受托人住所:×××××××

变更后受托人邮政编码:×××××××

变更后受托人联系方式:×××××××

变更受托人事由:(选择划√)

1. 受托人违反信托合同义务

2. 受托人出现分立、合并或者单章规定的解散事由,申请解散的

3. 受托人被依法撤销的

4. 受托人被宣告破产的

5. 受托人申请注销主体资格的

6. 其他原因

慈善信托目的:(不超过50字)

×××××××

信托财产:×××××××

×××××××:(接受重新备案民政机关)

原备案号×××××××慈善信托因出现上述变更受托人事由第×项，现申请变更受托人为××××××××（受托人名称）。

根据《中华人民共和国慈善法》有关规定，申请重新备案。

×××××××（委托人）和×××××××（受托人）承诺所填报的备案信息真实、准确、完整，所提供的备案书面材料完整、合法、有效。

委托人签章　　受托人签章

年　月　日　　年　月　日

注：1. 重新备案受理编号规则：R＋行政区划代码＋备案主体区别码＋受理自然序号（六位）。

2. 备案主体区别码：信托公司作为受托人，区别码为0；慈善组织作为受托人，区别码为1。

附件3－3　慈善信托财产管理处分情况报告样表

[redacted]慈善信托计划

信托资金管理报告

（2016－9－1至2016－12－30）

尊敬的[redacted]信托委托人：

我司于2016年9月1日发起设立了“[redacted]慈善信托

计划”(以下简称平安慈善信托),并作为受托人履行诚实、信用、谨慎、有效管理的原则对本信托进行管理。现受托人就2016年9月1日至2016年12月30日的信托事务向您报告如下:

一、[redacted]慈善信托计划简介

信托基本情况			
信托名称	[redacted]慈善信托计划		
成立日期	2016年9月1日	存续期限	永久存续
成立规模	226.6万元	最新存续规模	694万元
受托人有关情况			
法定名称	[redacted]信托有限责任公司	办公地址	[redacted]益田路5033号平安金融中心[redacted]层
法定代表人	[redacted]	邮政编码	5180[redacted]
总经理	[redacted]	咨询电话	4008866[redacted]
信托财产专户开立情况			
开户行	[redacted]银行总行营业部	户名	[redacted]信托有限责任公司
账号	[redacted]		

二、信托财产总额及收益情况

净值及主要财务指标

估值日净值表	
日期	净值
2016 - 9 - 2	1.00
2016 - 9 - 30	1.00
2016 - 10 - 31	1.00
2016 - 11 - 30	1.00
2016 - 12 - 30	1.00

主要财务指标	
项目	数额
期初单位净值	1.00
期初累计单位净值	1.00
期初信托资产净值	2,265,950.34
期末单位净值	1.00
期末累计单位净值	1.00
期末信托资产净值	6,943,874.84

三、受托人报告

1. 信托资金运作情况

[redacted]慈善信托在2016年9月1日的成立规模为226.6万元，截至2016年10月18日完成所有委托人的追加认购，规模为1007.6万元。根据理事会一届二次会议决策，对慈善项目及信托财产分配进行如下安排，合计资助慈善项目金额315.975万元，分配后信托规模为691.625万元。

(1)[redacted]基金会－支教中国2.0(2016)项目：划拨8.3万元，用于建设贫困地区小学远程网络教室，由[redacted]基金会(以下简称[redacted]基金会)担任项目管理人，具体由中国支教2.0组织负责执行。

(2)留守儿童家庭－农民创业接力棒项目：划拨资金100万元交付[redacted]基金会，用于支持留守儿童家庭无息贷款及奖学金发放，鼓励外出打工农民回归原生家庭，为留守儿童提供一个温馨的家庭和良好的学习环境，由[redacted]基金会担任本项目管理人。

（3）2016年度[redacted]励志论文奖项目：划拨励志论文奖励金50万元，用于2016全国高校学生参与的[redacted]励志论文奖项目将给予120名学生奖励金。由[redacted]发展基金会（以下简称[redacted]基金会）担任本项目管理人。

（4）2016年度[redacted]足球冬训营项目：划拨127.675万元，用于支教冬训营及希望小学教师培训，共计14所支教学校足球队学生和114所[redacted]全国希望小学体育老师逾200人参与的为期一周的训练活动。由[redacted]基金会担任本项目管理人。

（5）2016[redacted]道路事故教育发展基金项目：划拨30万元用于支持因道路交通事故而无法正常接受教育的人群，由[redacted]基金会担任本项目管理人。

2. 信托财产的投资构成

按照信托文件的约定以及理事会确定的资产配置策略，本期信托财产的资金主要运用于现金类资产。截至2016年12月30日，按资金投向划分的各项投资的资金占比及市值如附表1所示：

附表1　信托财产投资组合情况

资产配置分类	具体配置品种	市值（万元）	市值占比（%）	类别占比（%）
现金类资产	现金/交易所回购	694	100	100
低风险固收资产	固收产品	0	0	0
合计		694	100	100

3. 当期市场回顾

2016 年 9 月至 2016 年年底，全球最瞩目的事件当属特朗普在 11 月份当选美国总统，在特朗普新政即以财政政策取代货币宽松政策的预期下，国内外的债券市场都经历了向下的调整，尤其是国内的债券市场，在长期的牛市和高杠杆的压力下调整非常快速而且幅度颇深。

股票市场方面，2016 年 9 月至 2016 年年底 A 股方面一直处于指数窄幅波动，个股行情则悄然深化演绎。食品饮料、家用电器、建筑建材和建筑装饰表现出色，同时计算机、交通运输、休闲服务等行业则下跌明显。

商品市场方面，在 2016 年 9 月以后由于美元强势压制，黄金出现了一波大的调整，回吐了上半年的大部分涨幅，但是 2016 年全年仍然录得 8% 的涨幅。石油以及石油股继续录得不错表现，全年石油涨幅为 45%。

（以上数据来源：Wind）

4. 当期信托投资情况分析

本期资产组合投资按照理事会的会议精神在策略上保持稳健，先通过固定收益类积累安全垫，暂不进行权益类投资。为配合慈善项目资金使用安排时间，本期的投资操作主要集中为现金类资产配置。本期[redacted]慈善信托单位净值为 1.00 元，累计单位净值为 1.00 元。理事会会议在 2016 年 10 月 27 日召开，11 月才根据理事会决策和授权操作货币基金的投资，因此净值增长不明显。2017 年开始已经进入稳步增长阶段。

5. 下阶段市场展望和投资策略

2017年，全球经济仍然面临诸多不确定性，尤其是美联储加息进程、欧洲选举，以及国内的经济改革进程。整体来讲，风险相对合理的A股以及港股可能会有结构性的机会，尤其是大盘蓝筹股值得关注，债券市场由于全球收缩货币刺激以及通胀预期的压力还需要等待机会，商品方面可以关注以黄金作为避险资产的机会，以及石油方面关注美国页岩油方面的进展情况。人民币中长期来讲仍然存在贬值压力，所以海外资产的配置仍然是大方向。

投资策略上，根据理事会决策，继续操作低风险固定收益类投资和货币基金投资。

四、重大变更说明

本期，信托经理、资金运用均未发生变更。

五、信托运作的监控管理

为保障受益人利益，受托人严格监控信托资产的运作状况，严格按照信托文件和国家相关法律法规的规定，进行监控管理。

六、慈善项目反馈报告

[redacted]托有限责任公司

2017年3月

七、非资金慈善信托备案和资金慈善信托备案有何不同？

简答：

资金慈善信托备案需要提交开立慈善信托专用资金账户证明、商业银行资金保管协议。

详答：

根据《慈善信托管理办法》第 18 条的规定，备案时需要提供：开立慈善信托专用资金账户证明、商业银行资金保管协议，非资金信托除外。因此，资金类信托需要提交专户证明及银行保管协议，但非资金信托不需要提供此类文件。同时，根据《慈善信托管理办法》第 28 条的规定，对于资金信托，应当委托商业银行担任保管人，并且依法开立慈善信托资金专户；对于非资金信托，当事人可以委托第三方进行保管。在实操中，参考全国首单医疗实物类慈善信托——光信善·蓝帆医疗实物救援慈善信托，由于收到物资后即刻转运，故委托人接入仓库后直接联系物流公司运输到执行机构/受益人。

备注：对于非资金信托，可以根据实际情况与当地民政部门沟通第三方保管机构进行保管（如需）。

八、慈善信托备案，属于备案性质还是审批性质？

简答：

备案性质。

详答：

目前慈善信托备案属于备案性质。结合跟当地民政部门的沟通与实践经验，从提升效率的角度出发，建议在慈善信托项目设立前与民政部门进行实质性内容的预沟通,根据民政部门对项目提出的修改意见(如有)进行调整。

九、民政部门出具备案回执或出具不能备案通知的时限是几日?

回答:

根据《慈善信托管理办法》第21条的规定,慈善信托备案申请符合《慈善法》、《信托法》和该办法规定的,民政部门应当在收到备案申请材料之日起7日(自然日,非工作日)内出具备案回执;不符合规定的,应当在收到备案申请材料之日起7日(自然日,非工作日)内一次性书面告知理由和需要补正的相关材料。

十、信托公司作为受托人时,新设立的慈善信托是否需要向银保监部门报告或登记?

简答:

需要。

详答:

根据《慈善信托管理办法》第22条的规定,信托公司新设立的慈善信托项目应当按照监管要求及时履行报告或产品登记义务。根据《信托公司管理办法》的规定,新设立的信托项目需要提前预登记,报送文件包括:信托产品预登记申请书PDF 1份、信托产品预登记要素报告表1份。

第四章　慈善信托财产的管理和处分

一、怎样理解慈善信托财产的管理和处分？

简答：

按照《慈善信托管理办法》第23条的规定，慈善信托财产及其收益，应当全部用于慈善目的。

详答：

在慈善信托设立后，慈善信托财产只能用于实现信托合同约定的慈善目的，信托财产的所有权不再属于委托人；信托财产的管理和处分权限则主要归于受托人。

慈善信托财产的管理工作主要为：依据法律法规和信托文件，确保信托财产合规、合理支出公益费用及运营管理成本；进行慈善信托财产保值增值时，遵循合法、安全、有效的原则。

慈善信托财产的处分，在这里主要理解为：为实现慈善信托目的，信托财产面向受益人进行的分配，即用于公益慈善的支出。需主要考量的是：捐赠人意愿和慈善信托目的实现的有效性。

二、受托人应如何管理和处分慈善信托财产？

简答：

根据《慈善信托管理办法》第24条的规定，受托人管理和处分慈善信托财产，应当按照慈善信托目的，恪尽职守，履行诚信、谨慎管理的义务。

详答：

受托人管理和处分慈善信托财产的内容可以从以下几个方面进行理解：

(一)关于慈善信托财产的保管

根据《慈善信托管理办法》第 28 条的规定,在慈善信托设立阶段,对于资金信托,受托人应委托商业银行担任保管人,并依法开设慈善信托资金专户;对于非资金信托,可经由委托人和受托人协商委托第三方进行保管。

(二)关于处理慈善信托事务要支付的报酬

根据《慈善信托管理办法》第 25 条的规定,受托人除依法取得信托报酬外,不得利用慈善信托财产为自己谋取利益。

根据《慈善信托管理办法》第 29 条的规定,受托人可依据信托文件约定委托他人处理事务,并对他人处理慈善信托事务的行为承担责任,因此而产生的费用,在受托人信托报酬中列支。在实际工作中,为便于财务支出管理,受托人常常在信托文件(合同)中,将受托人报酬、委托第三方处理事务的报酬分别列举。

(三)关于慈善信托财产的公益支出

为实现慈善信托目的,受托人依据信托合同约定条款进行公益支出规划,包括:

(1)受益人范围及选定的程序和方法;(2)年度慈善支出的比例或数额;(3)受益人取得信托利益的形式和方法;(4)公益慈善支出的决策机制。

在实际工作中,由受托人、慈善信托管理委员会或慈善信托项目执行人依据信托合同提交公益项目执行方案,按合同约定程序进行项目方案内容及预算等审核后,受托人向慈善信托保管人提交项目材料(慈善信托资金专户的开设银行)申请资金拨付至受益人或公益项目执行方。

（四）慈善信托财产的保值增值事宜

按照《慈善信托管理办法》第 30 条的规定，慈善信托财产运用应当遵循合法、安全、有效的原则，可以运用于银行存款、政府债券、中央银行票据、金融债券和货币市场基金等低风险资产，但委托人和信托公司另有约定的除外。因此，为提高慈善信托财产收益，在预留慈善信托年度支出预算后，受托人可依据慈善信托文件约定，将闲置资产进行投资以实现保值增值。慈善信托财产的投资方案，一般以下列几种方式进行决策：

在慈善信托合同中约定信托财产的投资产品范围，委托受托人进行投资产品购买。

在慈善信托合同中约定由管理委员会提交并审议投资产品方案，再由受托人进行投资产品购买。

在慈善信托设立时，邀请专业的资产管理机构作为慈善信托投资顾问。由投资顾问提供信托财产投资方案，由管理委员会审议通过后，再由受托人购买投资产品。亦存在全权授权投资顾问制定投资方案的及决策后，由受托人直接执行的情形。

（五）慈善信托财产管理的合规要求

《慈善信托管理办法》第 33 条规定，受托人应当根据信托文件和委托人的要求，及时向委托人报告慈善信托事务处理情况、信托财产管理使用情况。该办法第 34 条规定，慈善信托的受托人应严格按照有关规定管理和处分慈善信托财产，不得借慈善信托名义从事非法集资、洗钱等活动。

《慈善法》第 105 条规定，慈善信托的受托人有下列情形之一的，由民政部门予以警告，责令限期改正；有违法所得的，由民政部门予以没收；对直接负责的主管人员和其他直接责任人员处 2 万元以上 20

万元以下罚款：

(1)将信托财产及其收益用于非慈善目的的；(2)未按照规定将信托事务处理情况及财务状况向民政部门报告或者向社会公开的。

三、慈善信托可以资助受托人自有项目或购置其固有资产吗？

简答：

受托人固有财产主要指财产权完全归受托人所有的财产；受托人对慈善信托财产主要拥有管理处分权，而不具有实质上的财产所有权。因此，慈善信托财产需要与受托人固有财产相区别，受托人不得将慈善信托财产转为其固有财产；如信托文件另有规定或委托人同意，受托人可以将其固有财产与慈善信托财产以公平的市场价格进行交易。

详答：

《慈善信托管理办法》第26条规定，慈善信托财产与受托人固有财产相区别，受托人不得将慈善信托财产转为其固有财产。任何组织和个人不得私分、挪用、截留或者侵占慈善信托财产。该办法第31条规定，受托人不得将其固有财产与慈善信托财产进行交易或者将不同委托人的信托财产进行相互交易，但信托文件另有规定或者经委托人同意，并以公平的市场价格进行交易的除外。

在实际工作中，当慈善信托受托人为信托公司时，则不涉及资助受托人自有项目的问题，亦不建议以公平的市场价格进行交易。因为公平的市场价格并不容易界定。即使聘请具备公信力和专业性的第三方机构进行固定财产的公允价格评估，也需投入较多的时间、人力和资金成本。从慈善信托财产的使用效率上来说，其可能并不划算，还需应对关联交易风险。

同理,当慈善信托受托人为慈善组织时,亦不建议将信托财产与受托人固有财产进行交易。与此同时,当受托人为慈善组织,并且慈善信托目的可以通过资助受托人自有项目获得实现或部分实现时,则慈善信托财产可以对受托人的公益项目进行资助。

四、委托人如何参与慈善信托财产的管理和处分?

简答:

为尊重捐赠人意愿,慈善信托合同中可约定委托人参与信托财产管理和处分的方式。委托人可成为慈善信托管理委员会一员或作为独立主体,参与公益项目资助方案或闲置财产投资方案的决策。

详答:

按照《慈善信托管理办法》第 33 条的规定,受托人应当根据信托文件和委托人的要求,及时向委托人报告慈善信托事务处理情况、信托财产管理使用情况。

按照《公益事业捐赠法》第 5 条的规定,捐赠财产的使用应当尊重捐赠人的意愿,符合公益目的,不得将捐赠财产挪作他用。该法第 21 条规定,捐赠人有权向受赠人查询捐赠财产的使用、管理情况,并提出意见和建议。对于捐赠人的查询,受赠人应当如实答复。

在实际工作中,为提高捐赠人参与公益慈善工作的积极性,当事人大多会在信托合同中约定委托人参与慈善信托财产管理和处分的决策权利。

按照《慈善信托管理办法》第 10 条的规定,慈善信托的委托人不得指定或者变相指定与委托人或受托人具有利害关系的人作为受益人。因此,在委托人参与决策时,需避免慈善信托资助项目或投资产品与委托人或受托人有利害关系。

五、受托人应怎样进行慈善信托财产记账?

简答:

按照《慈善信托管理办法》第27条的规定,受托人必须将慈善信托财产与其固有财产分别管理、分别记账,并将不同慈善信托的财产分别管理、分别记账。

详答:

慈善信托资产属于受托代理资产。

受托代理资产,是指受托人(慈善组织或信托公司)因从事受托代理交易而从委托方取得的资产。在受托代理交易过程中,受托人通常只是从委托方收到受托资产,并按照委托人的意愿将资产转交给指定的其他组织或者个人。因此,在账务处理上要将该类资产与其固有资产分别管理、分别记账。具体为:收到慈善信托资产时,按照应确认的入账金额,借记"受托代理资产"科目,贷记"受托代理负债"科目;转出慈善信托资产时,按照转出受托代理资产的账面余额,借记"受托代理负债"科目,贷记"受托代理资产"科目。(见图4-1)当慈善信托的受托人为信托公司时,则根据不同公司财务管理制度按要求分别记账管理。

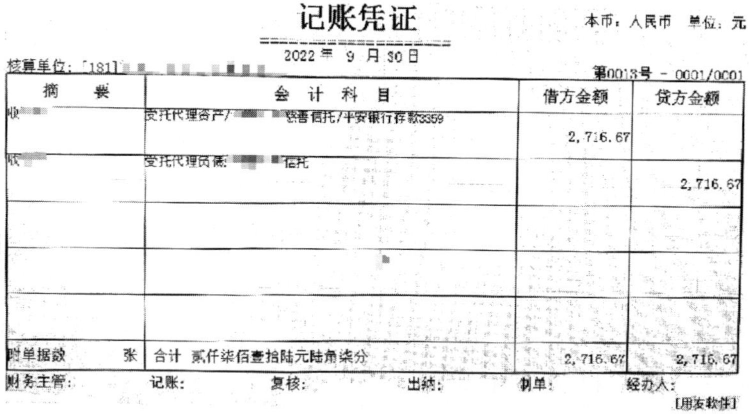

记账凭证　　本币：人民币　单位：元

2022年 9 月 30 日

核算单位：[181][redacted]　　第0013号 - 0001/0001

摘要	会计科目	借方金额	贷方金额
收[redacted]	受托代理资产/[redacted]慈善信托/平安银行存款3359	2,716.67	
收[redacted]	受托代理负债/[redacted]信托		2,716.67
附单据数　张	合计　贰仟柒佰壹拾陆元陆角柒分	2,716.67	2,716.67

财务主管：　记账：　复核：　出纳：　制单：　经办人：

[用友软件]

图 4－1　慈善信托受托人为基金会的记账凭证样式

六、受托人委托第三方处理事务产生的费用，如投资顾问、监察人等费用，如何支出？

回答：

按照《慈善信托管理办法》第 29 条的规定，受托人因依法将慈善信托事务委托他人代理而向他人支付的报酬，在其信托报酬中列支。

在实际工作中，对于慈善信托运营管理涉及的受托人报酬、投资顾问服务费、监察人服务费、专户保管费及其他相关税费，一般在慈善信托合同中分别列出具体的金额或比例，并明确由信托财产承担。

七、慈善信托财产在投资运用时如何兼顾收益和防范风险（流动性）？

简答：

按照《慈善信托管理办法》第 30 条的规定，慈善信托财产运用应当遵循合法、安全、有效的原则,可以运用于银行存款、政府债券、中央银行票据、金融债券和货币市场基金等低风险资产,但委托人和信托公司另有约定的除外。

详答:

慈善信托的受托人应严格按照有关法律法规要求及信托合同约定进行信托财产的保值增值工作。在合法合规的基础上,因市场行情波动而导致的信托财产亏损,一般由信托财产承担;如受托人违反法律、行政法规和信托文件的规定,造成慈善信托财产损失的,应当以其固有财产承担相应的赔偿责任。

按照《慈善信托管理办法》第30条的规定,如委托人和受托的信托公司在信托合同中特别约定,则信托财产可选的金融产品范围可超出"低风险资产"的限定,如信托财产可选择投资风险及收益都可能更高的私募基金产品。

当受托人为慈善组织时,受托人须遵守《慈善组织保值增值投资活动管理暂行办法》第7条的规定,即慈善组织不得进行下列投资活动:(1)直接买卖股票;(2)直接购买商品及金融衍生品类产品;(3)投资人身保险产品;(4)以投资名义向个人、企业提供借款;(5)不符合国家产业政策的投资;(6)可能使本组织承担无限责任的投资;(7)违背本组织宗旨、可能损害信誉的投资;(8)非法集资等国家法律法规禁止的其他活动。

此外,慈善信托财产的管理和处分应以实现慈善目的为前提,因此在进行信托财产保值增值工作时,需充分保障公益支出资金的需求,避免流动性风险。

八、如何管理慈善信托中的关联交易？

简答：

根据《慈善信托管理办法》第32条的规定，委托人、受托人及其管理人员不得利用其关联关系，损害慈善信托利益和社会公共利益，有关交易情况应当向社会公开。

详答：

关联交易，一般是指交易双方中一方是公司（其他法人），另一方是公司（其他法人）的关联人；交易双方的法律地位在名义上平等，但交易实际由关联人一方所决定；交易双方存在利益冲突，关联人可能利用控制权损害公司（其他法人）的利益。关联交易本身是中性的，关联人并不必然损害一方的利益，甚至有可能提高交易效率。但如果关联人滥用权利，则可能造成不公平关联交易。

《公司法》第21条规定，禁止关联交易，公司的控股股东、实际控制人、董事、监事、高级管理人员不得利用其关联关系损害公司利益。违反上述规定，给公司造成损失的，应当承担赔偿责任。

《慈善信托管理办法》第31条规定，受托人不得将其固有财产与慈善信托财产进行交易或者将不同委托人的信托财产进行相互交易，但信托文件另有规定或者经委托人同意，并以公平的市场价格进行交易的除外。

根据《慈善信托管理办法》的规定，慈善信托财产的管理和处分并不禁止关联交易。如依据委托人意愿或在信托合同允许的情况下即可开展关联交易并遵守公平交易原则。为增加透明度，建议关联交易相关方主动将具体的关联交易类型、涉及信托财产情况、交易条件等向慈善信托备案的民政部门报告，同时在互联网渠道发布信息向社会公开。如关联交易过程中，有损害慈善信托利益的，应立即停止交易、恢复慈善信托财产原状并要求关联方补偿慈善信托损失。

九、慈善信托财产损失，应由谁承担？

回答：

按照《慈善信托管理办法》第 36 条的规定，受托人违反法律、行政法规和信托文件的规定，造成慈善信托财产损失的，应当以其固有财产承担相应的赔偿责任。

以慈善信托财产损失产生的原因，作为责任判断的依据。如因客观环境或不可抗力造成的财产损失，一般由信托财产承担；如因受托人或其他服务机构等未能尽职履责而造成的财产损失，则由相关方承担。

十、受托人保存慈善信托事务资料的时限是多久？

回答：

根据《慈善信托管理办法》第 35 条的规定，受托人应当妥善保存管理慈善信托事务的全部资料，保存期自信托终止之日起不少于 15 年。

受托人应依法保存慈善信托事务资料，如出现资料遗失情形，则需向慈善信托备案部门报告资料遗失的具体情况，并限期改正，采取弥补措施。

第五章　慈善信托的变更及终止

一、除法定情形外，可以在信托合同中约定其他变更受托人的情形吗？

简答：

根据《慈善信托管理办法》第 37 条的规定，慈善信托的受托人违反信托文件义务或者出现依法解散、法定资格丧失、被依法撤销、被宣告破产或者其他难以履行职责的情形时，委托人可以变更受托人。该办法第 39 条规定，慈善信托的受托人不得自行辞任，信托文件另有规定的除外。

详答：

根据《慈善信托管理办法》第 37 条、第 39 条的规定，慈善信托的受托人不得自行辞任，信托文件另有规定的除外。慈善信托的受托人变更有五种情形：(1)受托人违反信托文件义务时；(2)受托人依法解散、法定资格丧失时；(3)受托人被依法撤销、被宣告破产时；(4)受托人遇到难以履行职责的情形时；(5)信托文件另有规定时，委托人均可以变更受托人。

二、变更《慈善信托管理办法》第 38 条规定的内容需要走什么程序？由谁来负责？

简答：

需要根据信托文件约定或经全体委托人同意后，由受托人提交变更的相关书面材料，申请变更备案。

详答：

根据信托文件约定或经全体委托人同意后，可在信托文件中明确变更事项。慈善信托存续期间，发生部分变更事项时，受托人应当在变更之日起 7 日内向原备案的民政部门申请变更备案,并提交发生变更的相关书面材料。

一般变更事项的实际操作应当按照当地规定的时限和程序进行备案,如当月发生两起或两起以上变更事项的,可以在下月 10 日前一并申请备案。

三、慈善信托或专项基金可以给另一个慈善信托追加资金吗?

简答:

慈善信托可以给另一个慈善信托追加资金。专项基金若要参与,则要以新增基金会为委托人主体,且具有近似慈善的目的。

详答:

在慈善信托运作过程中,资金可以转移到具有近似目的的其他慈善信托。

专项基金若要追加资金给慈善信托,则需以新增基金会为委托人主体,参与具有近似目的的慈善信托。

根据《慈善信托管理办法》第 43 条的规定,按照委托人意愿及慈善信托文件约定,慈善信托终止,受托人可以将信托财产转移给具有近似目的的其他慈善信托或慈善组织。但一般而言,信托经理应该对慈善信托存续是否能继续实现信托目的进行初步判断,如果短期没有办法实现,那么需要提前做好信托财产安排,完成程序上的准备。

四、慈善信托受托人违法自行辞任,会面临什么惩罚?

简答:

对此目前没有相关的规定,建议责令限期改正。

详答:

根据《信托公司管理办法》的规定,原中国银行业监督管理委员会根据《银行业监督管理法》等法律法规的规定,信托公司将被采取相应的处罚措施。受托人其中之一的慈善组织擅自离任的,对此目前没有相关的规定,建议由监管部门民政部门责令限期改正。

五、出现哪些情形时,慈善信托会进入终止?

简答:

按照《慈善信托管理办法》第40条的规定,有六种情形之一的,慈善信托会进入终止。

详答:

根据《慈善信托管理办法》第40条的规定,有下列情形之一的,慈善信托终止:(1)信托文件规定的终止事由出现;(2)信托的存续违反信托目的;(3)信托目的已经实现或者不能实现;(4)信托当事人协商同意;(5)信托被撤销;(6)信托被解除。

六、慈善信托在哪些情形下会被撤销或解除?

简答:

《信托法》、《信托公司管理办法》、《慈善法》、《慈善信托管理办法》、《基金会管理办法》(已失效)规定,有六种情形会使慈善信托进入终止。

详答:

《信托法》第12条规定:委托人设立信托损害其债权人利益的,债权人有权申请人民法院撤销该信托。人民法院依照前款规定撤销信托的，不影响善意受益人已经取得的信托利益。该条第 1 款规定的申请权，自债权人知道或者应当知道撤销原因之日起一年内不行使的，归于消灭。

《信托法》第 15 条规定：信托财产与委托人未设立信托的其他财产相区别。设立信托后，委托人死亡或者依法解散、被依法撤销、被宣告破产时，委托人是唯一受益人的，信托终止，信托财产作为其遗产或者清算财产；委托人不是唯一受益人的，信托存续，信托财产不作为其遗产或者清算财产；但作为共同受益人的委托人死亡或者依法解散、被依法撤销、被宣告破产时，其信托受益权作为其遗产或者清算财产。

《信托法》第 22 条规定：受托人违反信托目的处分信托财产或者因违背管理职责、处理信托事务不当致使信托财产受到损失的，委托人有权申请人民法院撤销该处分行为，并有权要求受托人恢复信托财产的原状或者予以赔偿；该信托财产的受让人明知是违反信托目的而接受该财产的，应当予以返还或者予以赔偿。前款规定的申请权，自委托人知道或者应当知道撤销原因之日起一年内不行使的，归于消灭。

《信托法》第 51 条规定："设立信托后，有下列情形之一的，委托人可以变更受益人或者处分受益人的信托受益权：（一）受益人对委托人有重大侵权行为；（二）受益人对其他共同受益人有重大侵权行为；（三）经受益人同意；（四）信托文件规定的其他情形。有前款第（一）项、第（三）项、第（四）项所列情形之一的，委托人可以解除信托。"

《基金会管理条例》第 39 条规定：捐赠人有权向基金会查询捐赠财产的使用、管理情况，并提出意见和建议。对于捐赠人的查询，基金会应当及时如实答复。基金会违反捐赠协议使用捐赠财产的，捐赠人有权要求基金会遵守捐赠协议或者向人民法院申请撤销捐赠行为、解除捐赠协议。

上述条款规定了慈善信托会被撤销或解除的情形。

七、如果慈善信托设立时约定为“永续型”，还需要约定终止条款吗？

简答：

建议设置终止条款。

详答：

建议在慈善信托合同中约定终止条件。根据《慈善信托管理办法》第40条的规定，有下列情形之一的，慈善信托终止：(1)信托文件规定的终止事由出现；(2)信托的存续违反信托目的；(3)信托目的已经实现或者不能实现；(4)信托当事人协商同意；(5)信托被撤销；(6)信托被解除。

因此，虽然约定为“永续型”，但当出现上述情形时，慈善信托仍然会终止，为避免运行后的矛盾，建议在前期就约定好相应的终止条款，做好委托人解释。

八、终止慈善信托的具体流程与各方的工作是什么呢？

简答：

自慈善信托终止事由发生之日起15日内受托人需要报告民政部门，并在慈善信托终止后30日内提交慈善信托事务清算报告，征得民政部门同意后，由受托人予以公告。若慈善信托设置信托监察人，清算报告应事先经监察人认可。

详答：

《慈善信托管理办法》第五章第 41 条规定："自慈善信托终止事由发生之日起 15 日内，受托人应当将终止事由、日期、剩余信托财产处分方案和有关情况报告备案的民政部门。"

该办法第 42 条规定："慈善信托终止的，受托人应当在 30 日内作出处理慈善信托事务的清算报告，向备案的民政部门报告后，由受托人予以公告。慈善信托若设置信托监察人，清算报告应事先经监察人认可。"

该办法第 43 条规定："慈善信托终止，没有信托财产权利归属人或者信托财产权利归属人是不特定的社会公众，经备案的民政部门批准，受托人应当将信托财产用于与原慈善目的相近似的目的，或者将信托财产转移给具有近似目的的其他慈善信托或者慈善组织。"

九、当慈善信托终止，剩余信托财产不足以支付约定税费时，相关费用由谁承担？

简答：

由受托人根据过错责任承担损失。

详答：

根据《慈善信托管理办法》第四章第 27 条的规定，受托人必须将慈善信托财产与其固有财产分别管理、分别记账，并将不同慈善信托的财产分别管理、分别记账。因此慈善信托开支由信托财产承担。

若在慈善信托运作过程中，受托人按要求履行职责，且无过错，相关费用由慈善信托资产承担。若在慈善信托运作过程中受托人为过错方，由受托人固有财产承担。

为避免慈善信托终止时，剩余信托财产不足以支付约定税费的情况发生,建议信托经理在慈善信托成立前期就对信托计划的开支作出明确的费用预算。当慈善信托终止,剩余信托财产不足以支付相关费用时,如果受托人违反信托文件的规定,则受托人应当以其固有财产承担相应的责任。

十、慈善信托终止后,信托财产可以还给委托人吗?

简答:

不可以。

详答:

根据《慈善信托管理办法》第五章第43条的规定,慈善信托终止,没有信托财产权利归属人或者信托财产权利归属人是不特定的社会公众,经备案的民政部门批准,受托人应当将信托财产用于与原慈善目的相近似的目的,或者将信托财产转移给具有近似目的的其他慈善信托或者慈善组织。

慈善信托的本质是为了慈善、公共利益,慈善信托的财产应属于社会公共财产,在慈善信托终止后,信托财产不能也不允许还给委托人。若在《慈善信托合同》中约定信托终止后财产权利归属人,也应是合法持有社会公共财产的组织或者慈善信托目的近似的慈善信托。没有信托财产权利归属人或者信托财产权利归属人是不特定的社会公众的慈善信托适用"近似原则",应把信托财产用于与原慈善目的相近似的目的。近似原则的适用须经过民政部门批准,防止侵害社会公共利益。

第六章 促进措施

一、慈善信托有税收优惠政策吗?

简答:

现行法律法规明确规定,依法备案的慈善信托可以享受税收优惠,但实务中缺少配套实施细则,慈善信托税收优惠较难落实。

详答:

慈善信托是当前构建新型慈善体系的重要工具,而税收优惠是慈善信托发展的重要激励措施。《慈善法》《慈善信托管理办法》规定,依法备案的慈善信托可以享受税收优惠。但税收优惠的相关规定仅为原则性表述,缺少明确的操作细则,致使实践中慈善信托税收优惠政策的落地执行缺乏可操作性,进而导致慈善信托存在税收激励不足的问题。《慈善法》、《公益事业捐赠法》、《中华人民共和国个人所得税法》(以下简称《个人所得税法》)及其实施条例、《中华人民共和国企业所得税法》(以下简称《企业所得税法》)及其实施条例规定了公益或慈善捐赠税收优惠的具体措施,但并没有明确这些措施能否适用于慈善信托。2023年《慈善法(修订草案)》增加了设立慈善信托依法享受税收优惠的专门规定。

二、如何得到税收的支持?

简答:

通过优化慈善信托交易结构,可以在一定程度上解决税收优惠问题。

详答:

在信托公司担任慈善信托唯一受托人的情形下,按照现行法律法规,信托公司无法为委托人开具捐赠票据。在实践中,可以通过创新慈善信托交易结构的方式满足委托人开票的需求。常见两种方式:一是捐赠人可以先将善款捐赠给基金会,由基金会完成开票,然后再由基金会以委托人名义设立慈善信托;二是信托公司与基金会担任共同受托人,委托人先将善款交付给基金会,由基金会完成开票,然后基金会再将信托财产转移给信托公司。

捐赠人获取捐赠票据后,可以依法享受税收优惠。具体如下:

(1)捐赠人为企业的情形

根据《企业所得税法》第 9 条的规定:企业发生的公益性捐赠支出,在年度利润总额 12% 以内的部分,准予在计算应纳税所得额时扣除;超过年度利润总额 12% 的部分,准予结转以后三年内在计算应纳税所得额时扣除。

(2)捐赠人为个人的情形

根据《个人所得税法》第 6 条第 4 款的规定:个人将其所得对教育、扶贫、济困等公益慈善事业进行捐赠,捐赠额未超过纳税人申报的应纳税所得额 30% 的部分,可以从其应纳税所得额中扣除;国务院规定对公益慈善事业捐赠实行金额税前扣除的,从其规定。

三、信托公司作为受托人开展慈善信托业务,需要认购信托业保障基金吗?

简答:

不需要。

详答:

根据《慈善信托管理办法》第 45 条的规定,信托公司开展慈善信托业务免计风险资本,免予认购信托业保障基金。免于计提风险资本，意味着信托公司开展慈善信托业务不受资本约束；免于认购信托业保障基金，意味着慈善信托财产可全部用于公益慈善，减少因认购信托业保障基金带来的资金占用。

四、各地制定和出台的政策及措施有哪些？

简答：

建议与备案地当地民政局沟通了解。

详答：

据不完全统计，北京市、浙江省、广东省、江苏省出台了关于慈善信托备案及鼓励推进发展方面的政策文件，列举如下：

（一）北京市出台的支持文件

2016 年出台了全国首个地方性慈善信托规范性文件——《北京市慈善信托管理办法》；

2020 年，围绕慈善信托规范发展中的核心环节，率先制发《北京市慈善信托备案指引》；

2021 年，以工作规范化为着眼点，在全国首推《慈善信托合同示范文本》；

2022 年，以提升慈善效益、实施综合监管为目的，率先通过《慈善信托评估规范》地方标准立项，采取标准化手段强化对受托人的监督管理和服务，促进慈善信托安全、稳妥运营。

（二）浙江省出台的支持文件

财政部印发《支持浙江省探索创新打造财政推动共同富裕省域范例的实施方案》。该方案表示，鼓励浙江省设立慈善信托，完善慈善褒奖制度，引导社会参与公益慈善事业；

2021年5月20日,中共中央、国务院出台《关于支持浙江高质量发展建设共同富裕示范区的意见》,鼓励设立慈善信托;

2021年7月10日,《杭州争当浙江高质量发展建设共同富裕示范区城市范例的行动计划(2021—2025年)》发布,鼓励开展慈善信托;

2021年7月19日,《浙江高质量发展建设共同富裕示范区实施方案(2021—2025年)》发布,要求大力发展慈善信托。

(三)广东省出台的支持文件

2020年5月19日,发布《广东省推动慈善事业高质量发展若干措施》,鼓励发展慈善信托;

《广东省民政事业发展"十四五"规划(2021—2025年)》将慈善信托成立指标纳入"十四五"时期广东省民政事业发展的主要指标。

(四)江苏省出台的支持文件

江苏省出台全国首部贯彻实施《慈善法》的地方性法规——《江苏省慈善条例》,为依法行善提供重要保障。

江苏省人民政府出台《关于促进慈善事业健康发展的实施意见》,江苏省民政厅联合银保监会江苏监管局出台全国首个地方性慈善信托管理办法,鼓励和规范慈善新业态发展。

五、哪里的经验比较多?

简答:

从国内慈善信托备案规模看,浙江省、广东省、甘肃省居于领先。从备案数量看,浙江省、甘肃省、陕西省名列前三位。

详答:

2022年1月18日,中国慈善联合会与中国信托业协会联合发布了《2021 年中国慈善信托发展报告》。该报告显示,2021 年,我国慈善信托数量及规模实现平稳增长。从备案单数和规模来看,截至 2021 年 12 月 31 日,全国累计慈善信托备案突破“700 单”大关、达 773 单,财产规模达 39.35 亿元。

2021 年,全国共有 19 个省、自治区、直辖市民政部门备案慈善信托。其中,浙江省备案数量增加 78 单、甘肃省增加 22 单,显著超过其他地区。浙江省 2016 年以来备案总数量以 168 单领跑全国。甘肃省以 133 单的备案数量位居第二,广东省、陕西省的备案数量以 58 单、56 单分列第三、第四位。总体来看,我国大部分地区已经开展慈善信托,但地区之间发展仍不均衡。

2022 年 9 月 1 日,中诚信托慈善信托工作室发布《2022 年度慈善信托研究报告》。截至 2022 年 8 月底,慈善信托备案地区累计覆盖全国 28 个省、自治区和直辖市,与上年持平。2022 年新备案慈善信托覆盖全国 21 个省、自治区和直辖市,覆盖地域与前五年基本持平。

从各省新备案慈善信托数量来看,浙江省作为全国共同富裕示范区,其加大慈善信托发展力度,新增备案数量排名第一,达 110 单,也是唯一超过百单的省份;陕西省、广东省居于第二、第三位,分别为 35 单和 21 单;前 10 个省份的市场份额合计为 84.88%。

从各省累计备案慈善信托数量来看,浙江省、甘肃省仍居于前两位,分别达到 218 单和 147 单,为仅有的 2 个累计备案慈善信托数量过百单的省级行政区域。累计备案慈善信托数量超过 30 单的省级行政区有 8 个,依次为浙江省、甘肃省、陕西省、广东省、北京市、青海省、江苏省和天津市。

从各省新备案慈善信托规模来看,北京市居于首位,为 2.48 亿元,也是唯一备案规模过亿元的省级行政区域,主要来自“中信信托·2021 芳梅教育慈善信托"的贡献。浙江省、江西省居于第二、第三位,分别达到 9098 万元和 8898 万元。

从各省累计备案慈善信托规模来看,浙江省、广东省居前两位,分别达到 11.54 亿元和 8 亿元。累计备案慈善信托规模超过 1 亿元的有 8 个省市,依次为浙江省、广东省、甘肃省、北京市、江苏省、上海市、河南省、江西省。

第七章　监督管理和信息公开

一、民政部门对慈善信托的运营监管，有哪些形式？

简答：

民政部门对慈善信托的运营监管，主要有三种形式：一是通过慈善信托备案的方式进行监管，二是通过开展相关的检查活动进行监管，三是通过监管谈话的方式进行监管。

（一）通过慈善信托备案的方式进行监管。《慈善信托管理办法》第 15 条规定，受托人应当在慈善信托文件签订之日起 7 日内，将相关文件向受托人所在地县级以上人民政府民政部门备案。未按照前述规定将相关文件报民政部门备案的，不享受税收优惠。该办法第 47 条还规定，县级以上人民政府民政部门负责慈善信托备案和相关监督管理工作。

（二）通过开展相关的检查活动进行监管。《慈善信托管理办法》第 49 条规定，民政部门和银行业监督管理机构根据各自法定管理职责，对慈善信托的受托人应当履行的受托职责、管理慈善信托财产及其收益的情况、履行信息公开和告知义务以及其他与慈善信托相关的活动进行监督检查。

（三）通过监管谈话的方式进行监管。《慈善信托管理办法》第 51 条规定，民政部门和银行业监督管理机构根据履行职责的需要，可以与受托人的主要负责人和相关人员进行监督管理谈话，要求就受托人的慈善信托活动和风险管理的重大事项作出说明。

但是监管并不是目的，促进慈善信托的发展才是监管的目标。为此，《慈善信托管理办法》在最后一章附则里特别规定了各地方监管部门在制定实施细则时“不得设置或变相设置限制性条件”。发展与监管是相互促进的关系。监管的目的是促进慈善信托的发展,而不是束缚慈善信托的发展,各地应当为慈善信托的发展设置鼓励措施,不得设置限制措施。

详答:

就慈善信托的运营监管,监管部门有两个:一个是国务院银行业监督管理机构及其派出机构,另一个是国务院民政部门及县级以上地方各级人民政府民政部门。这两个部门监管的范围是不同的,《慈善信托管理办法》第47条规定,银行业监督管理机构负责信托公司慈善信托业务和商业银行慈善信托账户资金保管业务的监督管理工作。县级以上人民政府民政部门负责慈善信托备案和相关监督管理工作。

关于民政部门对慈善信托的运营监管,主要有三种形式:一是通过慈善信托备案的方式进行监管,二是通过开展相关的检查活动进行监管,三是通过监管谈话的方式进行监管。

(一)通过慈善信托备案的方式进行监管。《慈善信托管理办法》第15条规定,受托人应当在慈善信托文件签订之日起7日内,将相关文件向受托人所在地县级以上人民政府民政部门备案。未按照前述规定将相关文件报民政部门备案的,不享受税收优惠。该办法第47条还规定,县级以上人民政府民政部门负责慈善信托备案和相关监督管理工作。

(二)通过开展相关的检查活动进行监管。《慈善信托管理办法》第49条规定,民政部门和银行业监督管理机构根据各自法定管理职责,对慈善信托的受托人应当履行的受托职责、管理慈善信托财产及其收益的情况、履行信息公开和告知义务以及其他与慈善信托相关的活动进行监督检查。

(三)通过监管谈话的方式进行监管。《慈善信托管理办法》第

51 条规定，民政部门和银行业监督管理机构根据履行职责的需要，可以与受托人的主要负责人和相关人员进行监督管理谈话，要求就受托人的慈善信托活动和风险管理的重大事项作出说明。

为了慈善信托行业健康有序发展，对慈善信托进行有效的监管是有必要的。除了上述三种方式，《慈善信托管理办法》关于监管还有两条规定：《慈善信托管理办法》第 48 条规定，民政部门和银行业监督管理机构应当建立经常性的监管协作机制，加强事中、事后监管，切实提高监管有效性；《慈善信托管理办法》第 50 条规定，民政部门和银行业监督管理机构根据各自法定管理职责，可以联合或委托第三方机构对慈善信托的规范管理、慈善目的的实现和慈善信托财产的运用效益等进行评估。但同时，该办法第 64 条规定，监管部门“不得设置或变相设置限制性条件”，各省、自治区、直辖市、计划单列市的民政部门和银行业监督管理机构在制定实施细则时，不得超越《慈善信托管理办法》规定的监管方式和监管范围，设置限制性条款和限制性措施，阻碍慈善信托行业的发展。监管不是目的，慈善信托监管的目的是要促进慈善信托行业的发展。发展与监管是相互促进的关系。监管的目的是促进慈善信托的发展，而不是束缚慈善信托的发展，各地应当为慈善信托的发展设置鼓励措施，不得设置限制措施。

二、慈善信托的信息公示在什么平台发布？慈善信托需要做哪些信息公开工作？

简答：

慈善信托信息公开应当在民政部门提供的统一信息平台（慈善中国）上依法进行。慈善信托的信息公开包含监督管理部门应当公开的信息和受托人应当公开的信息。

监管部门的信息公开主要是慈善信托备案、慈善信托终止、慈善信托检查和评估的结果、监管部门对慈善信托受托人的行政处罚和监管措施的结果等信息。

受托人的信息公开主要是公开慈善信托设立情况、信托事务处理情况和财务状况、慈善信托变更和终止等信息。

详答：

慈善信托信息公开应当在民政部门提供的统一信息平台（慈善中国）上依法进行，并且不得以新闻发布、广告推广等形式代替应当履行的信息公开义务。

慈善信托的信息公开包含监督管理部门应当公开的信息和受托人应当公开的信息。

《慈善信托管理办法》第55条规定，民政部门和银行业监督管理机构应当及时向社会公开下列慈善信托信息：（1）慈善信托备案事项；（2）慈善信托终止事项；（3）对慈善信托检查、评估的结果；（4）对慈善信托受托人的行政处罚和监管措施的结果；（5）法律法规规定应当公开的其他信息。

《慈善信托管理办法》第56条规定，受托人应当在民政部门提供的信息平台上，发布以下慈善信息，并对信息的真实性负责。具体包括：（1）慈善信托设立情况说明；（2）信托事务处理情况报告、财产状况报告；（3）慈善信托变更、终止事由；（4）备案的民政部门要求公开的其他信息。

三、慈善信托公开披露，目前仅限于公司官网，年报提交民政部门，是否真正做到了公开透明？

简答：

目前慈善信托的信息公开，并不仅限于官网和提交民政部门。慈善信托的信息公开应当在民政部门提供的统一信息平台（慈善中国）上依法进行。关于是否真正做到了公开透明，目前《慈善信托管理办法》对监管部门和受托人都需要公开哪些事项进行了规定，但比较笼统。2020 年，民政部推出了《慈善信托信息公开管理办法》（征求意见稿），待该意见稿落地实施后，可以说慈善信托的信息公开将真正做到公开透明。

详答：

目前慈善信托的信息公开，并不仅限于官网和提交民政部门。按照《慈善组织信息公开办法》的规定，慈善组织应当在民政部门提供的统一信息平台（慈善中国）上开展信息公开工作。当然官网可以同步进行信息公开，但是不能用官网的信息公开代替统一信息平台上的信息公开。因此，慈善信托的信息公开应当在民政部门提供的统一信息平台（慈善中国）上依法进行，并且不得以新闻发布、广告推广等形式代替应当履行的信息公开义务。

关于慈善信托的信息公开是否真正做到了公开透明，主要是《慈善信托管理办法》第 55 条和第 56 条对监管部门和受托人都需要公开哪些事项进行了规定。但是第 55 条和第 56 条主要是对披露事项的规定，即哪些事项需要进行公开，而对该事项需要披露到什么程度没有清晰的要求，因此规定得比较笼统。2020 年，民政部推出了《慈善信托信息公开管理办法》（征求意见稿），该征求意见稿对慈善信托的信息公开规定得非常详细,包括公开的内容和公开的时间。如慈善信托设立的信息公开,要求受托人应当自收到备案回执之日起7日内,在统一信息平台公开下列设立信息:(1)慈善信托目的;(2)慈善信托期限;(3)同意公开的委托人的姓名或者名称,受托人的姓名或者名称,如设置监察人,监察人的姓名或者名称;(4)信托财产种类及信托文件约定数额、初始数额;(5)年度慈善支出的比例或数额;(6)受益人范围及选定的程序和方法;(7)其他依法需要公开的信息或说明的事项。

征求意见稿对慈善信托设立的信息披露的规定比《慈善信托管理办法》更加详细,《慈善信托管理办法》对慈善信托设立的信息披露只要求披露慈善信托设立情况说明,但对说明的内容却没有明确的规定。待征求意见稿落地实施后,可以说慈善信托的信息公开将真正做到公开透明。

四、信息披露需要披露到多详细,对频率是否有要求?

简答:

受托人应当每年至少一次将信托事务处理情况以及慈善信托财务状况向其备案的民政部门报告,至少一次是每年的3月31日前,并于每年的4月30日前将向民政部门报送的年度报告向社会公开。

慈善信托的信息公开非常详细,负责监督管理的民政部门要公开信托的备案信息,受托人要公开信托设立的所有信息。慈善信托变更需要进行信息公开,关于慈善信托的事务处理情况及财务状况应当每年至少一次向民政部门报告并向社会公开。关于慈善信托的关联交易要在交易发生后的30日内公开交易的具体内容和金额。慈善信托终止也要进行信息公开。

详答：

根据《慈善信托信息公开管理办法》（征求意见稿）第16条的规定，慈善信托的受托人应当自向民政部门报送慈善信托事务处理情况和慈善信托财产状况的年度报告之日起30日内，将年度报告在统一信息平台公开。

结合实务经验，受托人每年至少一次将信托事务处理情况以及财务状况向其备案的民政部门报告（3月31日前），并于4月30日前将向民政部门报送的年度报告向社会公开。

信息披露的详细程度，根据《慈善信托信息公开管理办法》（征求意见稿），具体内容如下：

1. 慈善信托设立环节的信息公开：

《慈善信托信息公开管理办法》（征求意见稿）第10条规定，民政部门应当自慈善信托备案之日起7日内，在统一信息平台公开慈善信托备案事项，包括：（1）备案编号；（2）备案日期；（3）备案机关；（4）慈善信托名称。

《慈善信托信息公开管理办法》（征求意见稿）第11条规定，慈善信托的受托人应当自收到备案回执之日起7日内，在统一信息平台公开慈善信托设立情况说明，包括：（1）慈善信托目的；（2）慈善信托期限；（3）同意公开的委托人的姓名或者名称，受托人的姓名或者名称，如设置监察人，监察人的姓名或者名称；（4）信托财产种类及信托文件约定数额、初始数额；（5）年度慈善支出的比例或数额；（6）受益人范围及选定的程序和方法；（7）其他依法需要公开的信息或说明的事项。

2. 慈善信托存续环节的信息公开：

《慈善信托信息公开管理办法》（征求意见稿）第12条规定，慈善信托发生变更的,民政部门应当自进行变更备案之日起7日内,在统一信息平台公开慈善信托变更备案事项,包括:(1)变更备案日期;(2)变更事项类型,包括增加新的委托人、增加信托财产、变更信托受益人范围及选定的程序和方法;(3)国务院民政部门和国务院银行保险监督管理机构规定的其他情形。慈善信托财产未达到在其信托文件约定数额,且增加信托财产的,民政部门需要公开相关变更备案事项。同一慈善信托,当月发生两起或两起以上变更事项的,民政部门可以在下月24日前一并公开其变更备案事项。

《慈善信托信息公开管理办法》(征求意见稿)第13条规定,慈善信托发生变更的,慈善信托的受托人应当自收到备案回执之日起7日内,在统一信息平台公开慈善信托变更备案事项,包括:(1)变更理由;(2)增加新的委托人的,应当公布新增委托人的姓名或者名称(委托人不同意公开的除外);(3)增加信托财产的,应当公布新增信托财产的种类及数额;(4)变更信托受益人范围及选定的程序和方法的,应当公布变更后的受益人范围及选定的程序和方法;(5)其他依法需要公开的信息或说明的事项。慈善信托财产未达到在其信托文件约定数额,且增加信托财产的,慈善信托的受托人需要公开相关变更备案信息。

《慈善信托信息公开管理办法》(征求意见稿)第14条规定,慈善信托重新备案的,民政部门应当自进行重新备案之日起7日内,在统一信息平台公开慈善信托重新备案事项,包括:(1)重新备案的慈善信托名称;(2)重新备案日期。

《慈善信托信息公开管理办法》(征求意见稿)第15条规定,慈善信托重新备案的,变更后的慈善信托的受托人应当自收到备案回执之日起7日内,在统一信息平台公开重新备案事项,包括:(1)变更受托人理由;(2)变更后的受托人名称;(3)原受托人出具的慈善信托财产管理处分情况报告;(4)其他依法需要公开的信息或说明的事项。

《慈善信托信息公开管理办法》(征求意见稿)第16条规定,慈善信托的受托人应当自向民政部门报送慈善信托事务处理情况和慈善信托财产状况的年度报告之日起30日内,将年度报告在统一信息平台公开。年度报告的内容、基本格式等由国务院民政部门和国务院银行保险监督管理机构制定。慈善信托的委托人、受托人及其管理人员有关关联交易情况和其他关联交易情况应当在年度报告中向社会公开。

3. 慈善信托终止环节的信息公开:

《慈善信托信息公开管理办法》(征求意见稿)第17条规定,慈善信托终止的,民政部门应当自收到慈善信托的受托人关于终止事由、日期、剩余信托财产处分方案和有关情况的报告之日起7日内,在统一信息平台公开慈善信托终止事项,包括:(1)慈善信托名称;(2)慈善信托终止日期。

《慈善信托信息公开管理办法》(征求意见稿)第18条规定,慈善信托的受托人应当自将处理慈善信托事务的清算报告向备案的民政部门报告之日起30日内,在统一信息平台公开清算报告。慈善信托若设置信托监察人,清算报告应事先经监察人书面认可。

五、慈善组织作为受托人,其慈善信托的信息公开与慈善组织的信息公开有何异同?

简答:

相同点:

二者进行信息公开的主体是一致的,都是该慈善组织;二者进行信息公布的平台是一致的,都在民政部门提供的统一信息平台上公布信息;二者进行信息公开的最终目的也是一致的,都是促进慈善事业健康发展。

不同点:

二者进行信息公开的内容不同;二者的最终目的虽然相同,但又有所侧重;对二者监督管理的部门不同,二者的法律责任不同。

详答:

相同点:

二者进行信息公开的主体是一致的。慈善信托信息公开的主体是作为受托人的慈善组织,而该慈善组织公开的信息,包括公开慈善信托情况,即慈善信托是慈善组织进行信息公开的内容之一,因此二者进行信息公开的主体是一致的,都是该慈善组织。

二者进行信息公布的平台是一致的,都在民政部门提供的统一信息平台上公布信息。

二者进行信息公开的最终目的也是一致的,二者进行信息公开的目的都是便于监管部门监管,便于公众监督,最终目的都是促进慈善事业健康有序发展。

不同点:

二者进行信息公开的内容不同;二者的最终目的虽然相同,但又有所侧重;对二者监督管理的部门不同;二者的法律责任不同。

信息公开的内容不同:

慈善信托的信息公开,仅包括慈善信托的相关内容,即慈善信托的设立、信托事务的处理和信托的财务状况、信托变更、信托终止等,不用公开慈善组织的项目、筹款、财务等相关信息。

慈善组织的信息公开,需要公开慈善组织的全部信息,包括慈善组织的基本信息;慈善组织的年度工作报告和财务会计报告;公开募捐情况；慈善项目有关情况；慈善信托有关情况；重大资产变动及投资、重大交换交易及资金往来、关联交易行为等情况。慈善组织的信息公开包含慈善信托的信息，但是慈善信托的信息公开无法包含慈善组织的全部信息。

二者信息公开的目的有所侧重：

慈善信托的信息公开，是为保护慈善信托当事人的合法权益，提高慈善信托公信力，促进慈善信托和慈善事业发展。

慈善组织的信息公开，是为保护捐赠人、志愿者、受益人等慈善活动参与者的合法权益，维护社会公众的知情权，促进慈善事业发展。

虽然二者的最终目的都是促进慈善事业发展，但是慈善信托的信息公开更侧重于促进慈善信托的发展，进而促进慈善事业的发展。

对二者监督管理的部门不同：

慈善信托由国务院银行业监督管理机构及其派出机构、国务院民政部门及县级以上地方各级人民政府民政部门根据各自法定职责对慈善信托实施监督管理。

慈善组织在信息公开中违反有关法律法规和办法等规定的，民政部门应当进行记录，并将相关情况通报有关部门，根据有关规定实施联合惩戒。

慈善组织的直接监管部门主要是民政部门，而慈善信托的直接监管部门除了民政部门，还有银行业监督管理机构。

法律责任不同：

慈善信托的法律责任：慈善信托的受托人有下列情形之一的，由民政部门予以警告，责令限期改正；有违法所得的，由民政部门予以没收；对直接负责的主管人员和其他直接责任人员处2万元以上20万元以下罚款：(1)将信托财产及其收益用于非慈善目的的；(2)未按照规定将信托事务处理情况及财务状况向民政部门报告或者向社会公开的。

慈善组织的法律责任:《慈善法》第 98 条规定,慈善组织有下列情形之一的,由民政部门责令限期改正;逾期不改正的,吊销登记证书并予以公告:(一)未按照慈善宗旨开展活动的;(二)私分、挪用、截留或者侵占慈善财产的;(三)接受附加违反法律法规或者违背社会公德条件的捐赠,或者对受益人附加违反法律法规或者违背社会公德的条件的。

《慈善法》第 99 条规定,慈善组织有下列情形之一的,由民政部门予以警告、责令限期改正;逾期不改正的,责令限期停止活动并进行整改:(一)违反本法第 14 条规定造成慈善财产损失的;(二)将不得用于投资的财产用于投资的;(三)擅自改变捐赠财产用途的;(四)开展慈善活动的年度支出或者管理费用的标准违反本法第 60 条规定的;(五)未依法履行信息公开义务的;(六)未依法报送年度工作报告、财务会计报告或者报备募捐方案的;(七)泄露捐赠人、志愿者、受益人个人隐私以及捐赠人、慈善信托的委托人不同意公开的姓名、名称、住所、通讯方式等信息的。慈善组织违反本法规定泄露国家秘密、商业秘密的,依照有关法律的规定予以处罚。慈善组织有第 98 条前两款规定的情形,经依法处理后一年内再出现前款规定的情形,或者有其他情节严重情形的,由民政部门吊销登记证书并予以公告。

《慈善法》第 100 条规定,慈善组织有本法第 98 条、第 99 条规定的情形,有违法所得的,由民政部门予以没收;对直接负责的主管人员和其他直接责任人员处 2 万元以上 20 万元以下罚款。

在罚款额度范围上,两者一致。

六、当慈善组织作为慈善信托的项目执行机构，而不是受托人时，其是否需要进行慈善信托的信息公开？还是只进行慈善组织的信息公开？

简答：

当慈善组织作为慈善信托的项目执行机构，而不是受托人时，其无须单独进行慈善信托的信息公开，但是需要进行慈善组织的慈善项目信息公开。如果该机构一定要进行慈善信托的信息公开，则法律也没有禁止。

详答：

《慈善法》第48条规定，慈善信托的受托人应当根据信托文件和委托人的要求，及时向委托人报告信托事务处理情况、信托财产管理使用情况。慈善信托的受托人应当每年至少一次将信托事务处理情况及财务状况向其备案的民政部门报告，并向社会公开。因此法定的慈善信托事务报告的义务人是受托人，不是委托人也不是慈善信托项目的执行人。

《慈善信托管理办法》第29条还规定，受托人应当自己处理慈善信托事务，但信托文件另有规定或者有不得已事由的，可以委托他人代为处理。受托人依法将慈善信托事务委托他人代理的，应当对他人处理慈善信托事务的行为承担责任。

慈善信托的项目执行机构，即接受受托人的委托代理受托人开展慈善信托的慈善活动的机构，是慈善信托的慈善支出的执行机构，其项目开展情况应向受托人报告，作为受托人统一进行慈善信托信息公开的内容之一。因此，慈善信托的项目执行机构不需要单独进行慈善信托的信息公开。但是其执行的慈善信托项目，是该机构的慈善项目，该项目的开展情况，应作为该机构项目信息公开的内容。当然，如果该机构一定要对慈善信托项目进行慈善信托的信息披露,法律也没有禁止。

七、如何理解受托人的“报告和披露信托事务”义务?

简答:

慈善信托的受托人应当根据信托文件和委托人的要求,及时向委托人报告信托事务处理情况、信托财产管理使用情况。慈善信托的受托人应当每年至少一次将信托事务处理情况及财务状况向其备案的民政部门报告,并向社会公开。维护委托人的知情权、社会公众的知情权是受托人必备的一个法定义务。受托人义务是慈善信托的核心,受托人是公开和报告的义务人。

详答:

慈善信托,是指委托人基于慈善目的,依法将其财产委托给受托人,由受托人按照委托人意愿以受托人名义进行管理和处分,开展慈善活动的行为。

为什么受托人有“报告和披露信托事务”的义务?第一,慈善信托设立后,信托财产发生了转移,从委托人的私人财产转为了社会公共财产。慈善信托的受托人代表社会公众管理和处分信托财产,履行社会责任,服务社会公共目的。基于慈善信托服务社会公共目的的功能,受托人有责任和义务报告信托事务。第二,为了确保受托人按照信托目的,恪尽职守,履行诚信、谨慎管理的义务,只有受托人最熟悉慈善信托的运行情况、财务状况、资产保值增值情况、资金使用情况等,受托人既然是替社会履行社会公共财产管理责任,就有义务报告信托事务,因此受托人需要履行“报告和披露信托事务”的义务。第三,慈善信托中每个信托的情形都不同,差别很大,每个慈善信托都是独特的，监管部门、委托人、媒体和社会公众都需要对慈善信托进行监督，如何实现对慈善信托的社会监督，这就需要受托人将慈善信托的情况向社会讲清楚，这是慈善信托的一个特点，慈善信托监督的实现需要依赖于受托人履行“报告和披露信托事务”的义务。

慈善信托的受托人应当于每年 3 月 31 日前向备案的民政部门报送慈善信托事务处理情况和慈善信托财产状况的年度报告。

受托人应当每年至少一次将信托事务处理情况以及财务状况向其备案的民政部门报告，并于 4 月 30 日前将向民政部门报送的年度报告向社会公开。

慈善信托的受托人管理和处分信托财产，应当按照信托目的，恪尽职守，履行诚信、谨慎管理的义务。

受托人是公开和报告的义务人。受托人应当在民政部门提供的统一信息平台上，发布慈善信托设立情况信息，信托事务处理情况报告和财务状况报告，慈善信托变更、终止事由，备案的民政部门要求公开的其他信息。受托人对信息的真实性负责。

《慈善法》《信托法》《慈善信托管理办法》以及其他相关的法律法规都规定了受托人责任、信托财产独立性和信托利益全部用于慈善目的的要求，要求受托人要严格根据法律的规定和信托合同的约定管理和实施慈善信托，把善款用于慈善目的，不能使善款回流于委托人或者向委托人的利害关系人输送利益。为了确保受托人按照信托目的，恪尽职守，履行诚信、谨慎管理的义务，监管部门、委托人、媒体和社会公众都需要对慈善信托进行监督。但是监督的实现依赖于受托人履行“报告和披露信托事务”的义务。维护委托人的知情权、社会公众的知情权是受托人必备的一个法定义务，受托人义务是慈善信托的核心，受托人是公开和报告的义务人。

八、慈善信托的信息公开是否需要公开到受益人个人？还是只公开到执行机构？慈善信托的信息公开是否公开透明易于公众监督检查？

简答：

《慈善法》《信托法》《慈善信托管理办法》以及其他相关的法律法规尚未要求信息公开公开到受益人个人，也没有要求公开到执行机构。

关于慈善信托的信息公开是否公开透明易于公众监督检查的问题，《慈善法》《慈善信托管理办法》对慈善信托的信息公开都有明确规定。民政部已经推出了《慈善信托信息公开管理办法（征求意见稿）》，待《慈善信托信息公开管理办法》正式出台后，慈善信托信息公开透明易于公众监督检查将不是问题。

详答：

目前《慈善法》《信托法》《慈善信托管理办法》以及其他相关的法律法规尚未要求信息公开公开到受益人个人，也没有要求公开到执行机构。《慈善信托管理办法》对慈善信托的信息公开的要求是公开慈善信托设立情况说明，公开信托事务处理情况报告、财产状况报告，没有要求公开到受益人个人和执行机构。

虽然信息公开没有要求公开到受益人个人，但是在慈善信托文件上要求载明慈善信托目的、受益人范围及选定的程序和方法。设立慈善信托，要求必须有合法的慈善信托目的，慈善信托财产及其收益，应当全部用于慈善目的。慈善信托文件上还要求载明年度慈善支出的比例和数额。受托人有责任建立完善的内控制度，保证每年的慈善支出真正用到选定范围的受益人身上，而不是把款项拨付给执行机构后就代表慈善支出完成。受托人的内控部门有责任监督信托文件签署的受益人范围及选定的程序和方法是否落实到位,否则内控存在瑕疵。

《慈善法》《慈善信托管理办法》对慈善信托的信息公开都有相应的规定。《慈善法》第48条规定,慈善信托的受托人管理和处分信托财产,应当按照信托目的,恪尽职守,履行诚信、谨慎管理的义务。慈善信托的受托人应当根据信托文件和委托人的要求,及时向委托人报告信托事务处理情况、信托财产管理使用情况。慈善信托的受托人应当每年至少一次将信托事务处理情况及财务状况向其备案的民政部门报告,并向社会公开。

《慈善信托管理办法》第七章专门讲慈善信托的监督管理和信息公开,国家鼓励公众、媒体对慈善信托活动进行监督,对慈善信托违法违规行为予以曝光,发挥舆论和社会监督作用。《慈善信托管理办法》第56条规定,受托人应当在民政部门提供的信息平台上,发布以下慈善信息,并对信息的真实性负责。具体包括:(1)慈善信托设立情况说明;(2)信托事务处理情况报告、财产状况报告;(3)慈善信托变更、终止事由;(4)备案的民政部门要求公开的其他信息。

以上从慈善信托的设立到慈善信托的终止,对慈善信托的日常运营状况、财务状况、变更状况都需一一进行披露。

2020年1月,民政部推出的《慈善信托信息公开管理办法(征求意见稿)》,对慈善信托的信息公开进行了更为详细的规定,对慈善信托的基本信息,慈善信托管理信息、财务信息、关联交易,慈善信托变更信息、终止信息都有更详细的规定。待《慈善信托信息公开管理办法》正式出台后,慈善信托信息公开透明易于公众监督检查将不是问题。

九、如果委托人希望匿名,应该如何处理?

简答:

涉及国家秘密、商业秘密、个人隐私的信息以及对于慈善信托的委托人不同意公开的姓名、名称、住所、通信方式等信息,不得公开。

详答:

涉及国家秘密、商业秘密、个人隐私的信息以及对于慈善信托的委托人不同意公开的姓名、名称、住所、通信方式等信息,不得公开。

按照《慈善信托信息公开管理办法(征求意见稿)》,慈善信托设立的目的、经营期限、规模,慈善信托的每年的事务处理情况以及财务状况,慈善信托的关联交易情况等信息,均应该公开。如果委托人不同意公开其主体信息,那么其姓名、名称、住所、通信方式等主体信息不得公开。对于其他慈善信托运营的信息和财务信息,不得以委托人不同意公开为由而进行隐匿,应当依法进行公开。

第八章　法 律 责 任

一、慈善信托受托人将信托财产及其收益用于非慈善目的，应承担什么法律责任？

简答：

慈善信托受托人将信托财产及其收益用于非慈善目的的，应由民政部门予以警告，责令限期改正；有违法所得的，由民政部门予以没收；并对直接负责的主管人员和其他直接责任人员处 2 万元以上 20 万元以下罚款。

详答：

《慈善信托管理办法》第 59 条规定："慈善信托的受托人有下列情形之一的，由民政部门予以警告，责令限期改正；有违法所得的，由民政部门予以没收；对直接负责的主管人员和其他直接责任人员处二万元以上二十万元以下罚款：（一）将信托财产及其收益用于非慈善目的的……"

需要注意的是，《慈善信托管理办法》第 25 条赋予了受托人可取得信托报酬的权利，以及第 29 条规定，"受托人因依法将慈善信托事务委托他人代理而向他人支付的报酬，在其信托报酬中列支"。因此，受托人支付管理慈善信托事务的相关方的报酬，如保管费、监察费、投资顾问费等，及因管理慈善信托事务所支出的税、费，不属于"将信托财产及其收益用于非慈善目的"。

二、某组织或某个人私分、挪用、截留或者侵占慈善财产的，需要承担什么法律责任？

简答：

慈善组织：由民政部门责令限期改正；逾期不改正的，吊销登记证

书并予以公告;

县级以上人民政府民政部门和其他有关部门及其工作人员:由上级机关或者监察机关责令改正或给予处分;

信托公司或其相关人员:按《银行业监督管理法》给予纪律处分;处5万元以上50万元以下罚款;禁止一定期限直至终身从事银行业工作。

除上述情况外,任何组织、个人私分、挪用、截留或者侵占慈善财产达到一定数额的,均构成犯罪。

详答:

(一)《慈善法》第98条规定:"慈善组织有下列情形之一的,由民政部门责令限期改正;逾期不改正的,吊销登记证书并予以公告……(二)私分、挪用、截留或者侵占慈善财产的……"

(二)《慈善法》第108条规定:"县级以上人民政府民政部门和其他有关部门及其工作人员有下列情形之一的,由上级机关或者监察机关责令改正;依法应当给予处分的,由任免机关或者监察机关对直接负责的主管人员和其他直接责任人员给予处分……(五)私分、挪用、截留或者侵占慈善财产的……"

(三)《银行业监督管理法》第48条规定:"银行业金融机构违反法律、行政法规以及国家有关银行业监督管理规定的,银行业监督管理机构除依照本法第四十四条至第四十七条规定处罚外,还可以区别不同情形,采取下列措施:(一)责令银行业金融机构对直接负责的董事、高级管理人员和其他直接责任人员给予纪律处分;(二)银行业金融机构的行为尚不构成犯罪的,对直接负责的董事、高级管理人员和其他直接责任人员给予警告,处五万元以上五十万元以下罚款;(三)取消直接负责的董事、高级管理人员一定期限直至终身的任职资格,禁止直接负责的董事、高级管理人员和其他直接责任人员一定期限直至终身从事银行业工作。”

(四)依据《中华人民共和国刑法》(以下简称《刑法》)第271条①、第272条②、第383条③、第384条④及最高人民法院、最高人民检察院《关于办理贪污贿赂刑事案件适用法律若干问题的解释》的相关规定,任何组织或个人涉及下列情形的,依法追究刑事责任:

1. 非国有公司、企业或其他单位的工作人员挪用慈善财产10

---

① 《刑法》第271条规定:“公司、企业或者其他单位的工作人员,利用职务上的便利,将本单位财物非法占为己有,数额较大的,处三年以下有期徒刑或者拘役,并处罚金;数额巨大的,处三年以上十年以下有期徒刑,并处罚金;数额特别巨大的,处十年以上有期徒刑或者无期徒刑,并处罚金。国有公司、企业或者其他国有单位中从事公务的人员和国有公司、企业或者其他国有单位委派到非国有公司、企业以及其他单位从事公务的人员有前款行为的,依照本法第三百八十二条、第三百八十三条的规定定罪处罚。”

② 《刑法》第272条规定:“公司、企业或者其他单位的工作人员,利用职务上的便利,挪用本单位资金归个人使用或者借贷给他人,数额较大、超过三个月未还的,或者虽未超过三个月,但数额较大、进行营利活动的,或者进行非法活动的,处三年以下有期徒刑或者拘役;挪用本单位资金数额巨大的,处三年以上七年以下有期徒刑;数额特别巨大的,处七年以上有期徒刑。”

③ 《刑法》第383条规定:“对犯贪污罪的,根据情节轻重,分别依照下列规定处罚:(一)贪污数额较大或者有其他较重情节的,处三年以下有期徒刑或者拘役,并处罚金。(二)贪污数额巨大或者有其他严重情节的,处三年以上十年以下有期徒刑,并处罚金或者没收财产。(三)贪污数额特别巨大或者有其他特别严重情节的,处十年以上有期徒刑或者无期徒刑,并处罚金或者没收财产;数额特别巨大,并使国家和人民利益遭受特别重大损失的,处无期徒刑或者死刑,并处没收财产。对多次贪污未经处理的,按照累计贪污数额处罚……”

④ 《刑法》第384条规定:“国家工作人员利用职务上的便利,挪用公款归个人使用,进行非法活动的,或者挪用公款数额较大、进行营利活动的,或者挪用公款数额较大、超过三个月未还的,是挪用公款罪,处五年以下有期徒刑或者拘役;情节严重的,处五年以上有期徒刑。挪用公款数额巨大不退还的,处十年以上有期徒刑或者无期徒刑。挪用用于救灾、抢险、防汛、优抚、扶贫、移民、救济款物归个人使用的,从重处罚。”

万元以上，进行营利活动或超3个月未还的，犯挪用资金罪；

2.国家工作人员、国有公司、企业或其他单位的工作人员挪用慈善财产3万元以上，进行营利活动或超3个月未还的，犯挪用公款罪；

3.非国有公司、企业或其他单位的工作人员将6万元以上慈善财产非法占为己有的，犯职务侵占罪；

4.国家工作人员、国有公司、企业或其他单位的工作人员将3万元以上慈善财产非法据为己有的，犯贪污罪。

三、未经备案的慈善信托开展公开募捐，是否违反法律规定？需要承担什么法律责任？

简答：

由民政部门予以警告、责令停止募捐活动；对违法募集的财产，责令退还捐赠人；难以退还的，由民政部门予以收缴，转给其他慈善组织用于慈善目的；对有关组织或者个人处2万元以上20万元以下罚款。①

详答：

关于慈善信托能否开展公开募捐，《慈善法》和《信托法》均没有明确的规定，导致业界对此一直存在争议。但部分省市就此出台了规范性文件，其中北京市明确允许慈善信托开展公开募捐。《北京市慈善信托管理办法》（京民慈发〔2016〕385号）第32条规定“除经设立并依法备案，任何单位和个人不得以‘慈善信托’名义公开募集资金”，反面解释就是如果是依法设立并依法备案的慈善信

① 该结论仅代表本章编写人员观点，供社会各界参考。

托,是可以公开募捐资金的。广东省民政厅、中国银行保险监督管理委员会、广东监管局《关于慈善信托管理工作的实施细则》第 45 条明确规定,慈善信托可以接受非委托人捐赠的信托财产,即可以开展定向募捐。

至于未经备案的慈善信托开展公开募捐的法律责任,在现行法律法规未对此作出明确规定的情况下,可参考《慈善法》第 101 条的规定,即"开展募捐活动有下列情形之一的,由民政部门予以警告、责令停止募捐活动;对违法募集的财产,责令退还捐赠人;难以退还的,由民政部门予以收缴,转给其他慈善组织用于慈善目的;对有关组织或者个人处二万元以上二十万元以下罚款:(一)不具有公开募捐资格的组织或者个人开展公开募捐的……"

四、慈善信托受托人未按照规定将信托事务处理情况及财务状况向民政部门报告或向社会公开,是否需承担法律责任?

简答:

需要。由民政部门予以警告,责令限期改正;对直接负责的主管人员和其他直接责任人员处 2 万元以上 20 万元以下罚款。

详答:

《慈善法》第 105 条规定,"慈善信托的受托人有下列情形之一的,由民政部门予以警告,责令限期改正;有违法所得的,由民政部门予以没收;对直接负责的主管人员和其他直接责任人员处二万元以上二十万元以下罚款……(二)未按照规定将信托事务处理情况及财务状况向民政部门报告或者向社会公开的"。

综合《信托法》、《慈善法》及《慈善信托管理办法》的相关规定,受托人向民政部门报告或向社会公开的义务主要包括:

1. 在慈善信托文件签订之日起7日内,将相关文件向受托人所在地县级以上人民政府民政部门备案。

2. 慈善信托受托人变更的,变更后的受托人应当自变更之日起7日内,将变更情况报原备案的民政部门重新备案。

3. 慈善信托新增委托人、增加信托财产、变更信托受益人范围及选定的程序和方法的,受托人应当自变更之日起7日内向原备案的民政部门申请备案。

4. 慈善信托的受托人应当每年至少一次将信托事务处理情况及财务状况向其备案的民政部门报告,并向社会公开。

5. 慈善信托的受托人应当向受益人告知其资助标准、工作流程和工作规范等信息。

6. 慈善信托终止的,受托人应当在30日内作出处理慈善信托事务的清算报告,经信托监察人(如有)认可后,向备案的民政部门备案报告,并向社会公开。

7. 慈善信托与委托人、受托人及其管理人员之关联方发生交易的,有关交易情况应当向社会公开。

8. 受托人应当在民政部门提供的信息平台上,发布以下慈善信息,并对信息的真实性负责。(1)慈善信托设立情况说明;(2)信托事务处理情况报告、财产状况报告;(3)慈善信托变更、终止事由;(4)备案的民政部门要求公开的其他信息。

9. 其他信托文件约定的需要向民政部门报告或向社会公开的信息。

五、在实践中是否已经出现慈善信托被处罚的案例？

答案：

虽然未出现慈善信托被处罚的相关案例，但基金会和其他社会组织与慈善信托的资产在社会性质上应当同属于“社会资产”，且同被民政部门监管，在法律适用上也有重叠，在没有慈善信托被行政处罚的案例的前提下，基金会或其他社会组织被行政处罚的案例对慈善信托当事人也同样具有教导、警示作用。

（一）周培源基金会因公益支出比例过低被行政处罚

周培源基金会因 2020 年年度公益支出比例为 2.57%，违反了《基金会管理条例》第 29 条第 1 款关于“公募基金会每年用于从事章程规定的公益事业支出，不得低于上一年总收入的 70%；非公募基金会每年用于从事章程规定的公益事业支出，不得低于上一年基金余额的 8%”的规定。

依据《基金会管理条例》第 42 条第 1 款第 4 项的规定，民政部对周培源基金会作出警告的行政处罚。同时，依据《社会组织信用信息管理办法》的有关规定，自行政处罚生效之日起，民政部将其列入社会组织严重违法失信名单。

启示：虽然《慈善法》《信托法》《慈善信托管理办法》未规定慈善信托的支出比例，但实务中民政部均要求在慈善信托合同中约定支出比例，慈善信托当事人应严格按照合同约定进行公益支出。

（二）天津市海湾慈善基金会向企业提供借款等被吊销登记证书

天津市海湾慈善基金会存在向企业直接提供与公益活动无关的借款的行为，违反了《慈善法》第 9 条关于“慈善组织应当符合下列条件:(一)以开展慈善活动为宗旨……”以及民政部《关于印发〈关于规范基金会行为的若干规定(试行)〉的通知》关于“基金会不得向个人、企业直接提供与公益活动无关的借款”的规定。

同时,该基金会存在2020年慈善活动年度支出比例不符合规定的违法事实,违反了《慈善法》第60条第2款、《关于慈善组织开展慈善活动年度支出和管理费用的规定》第8条第4项的规定。并且该基金会存在不按照规定办理地址变更登记的违法事实,违反了《基金会管理条例》第15条第1款的规定。

天津市民政局依据《慈善法》第98条第1项、第2项的规定,给予该基金会吊销登记证书的行政处罚。同时,根据《社会组织信用信息管理办法》的规定,自行政处罚决定书生效之日起,天津市民政局将该基金会列入严重违法失信名单。

启示:慈善信托的设立需要有合法的慈善目的,且慈善信托当事人必须遵照慈善信托目的对信托资产进行管理、处分,否则可能违反《慈善信托管理办法》第23条关于“慈善信托财产及其收益,应当全部用于慈善目的”的规定。

(三)天津市天朗关爱慈善基金会未依要求整改被停止活动3个月

天津市天朗关爱慈善基金会未依法报送2019年年度工作报告和财务会计报告,违反了《慈善法》第13条的规定;该单位2019年、2020年连续两个年度慈善活动支出是0,违反了《慈善法》第60条第2款的规定;该单位在2021年2月2日受到了警告的行政处罚且逾期未按要求进行整改。

依据《慈善法》第99条第1款第4项、第6项的规定,天津市民政局对天津市天朗关爱慈善基金会作出停止活动3个月的行政处罚。

同时，依据《社会组织信用信息管理办法》的有关规定，自行政处罚生效之日起，天津市民政局将其列入社会组织严重违法失信名单。

启示：慈善信托存在违法违规，被民政部门处罚的，应当及时进行整改，否则会面临更加严重的处罚。

（四）民政部公布 2022 年第三批涉嫌非法社会组织名单——打击整治非法社会组织

2022 年 11 月 2 日，民政部公布 2022 年第三批涉嫌非法社会组织名单如下：(1)中国有机产品协会；(2)中国人体工程学研究协会；(3)中国建设施工行业协会；(4)中国舞蹈艺术家协会；(5)中医药民族健康产业委员会；(6)全国企业质量监督管理中心；(7)中国企业产品质量监督中心；(8)中国质量认证品牌评定中心；(9)雷霆爱心公益基金会；(10)同义汇基金会。

非法社会组织的特征为：(1)未经民政部门登记擅自以社会组织名义开展活动，或被撤销登记后继续以社会组织名义活动；(2)以慈善名义或者假冒慈善组织开展募捐活动，骗取财产。

启示：慈善信托应依法向民政部门备案后方可进行相关活动；且开展慈善信托活动必须以慈善为目的，不得将慈善信托财产用于非慈善目的。

第九章　慈善信托如何选择公益项目

一、谁可以担任慈善信托的执行机构?

简答:

执行人在慈善信托中为非必要角色,一般而言,执行人是具有完全民事行为能力的个人和组织。执行人为组织的,组织需具有相同或类似慈善信托公益项目的经验。

详答:

执行人应由受托人根据实际情况,遵照相应程序和条件正当任命。在我国,《慈善法》《信托法》《慈善信托管理办法》等法律法规并未明确规定哪些个人和组织不适合担任慈善信托的执行人,即法无禁止即可为。但在实践中,为了避免关联交易,不提倡慈善信托委托人同时担任慈善信托执行人。

为了更好地实现委托人意愿,更好地服务委托人,执行人一经正当任命,即可与受托人共同策划慈善信托公益项目,优化慈善信托公益项目管理机制,明确受益对象特征和区域、制定合适的成效评估方式、确立信息报告频次和形式。执行人可与受托人一起共同向委托人报告项目实施情况,解答委托人的疑问和困惑,接受必要的监督。

二、公益项目的执行机构需要具备什么样的基础条件?

简答:

常见的慈善信托公益项目执行机构有信托公司、慈善组织、正式注册且未被认定为慈善组织的社会组织、企业、社会企业、备案类社会组织等。不同类型的机构需要具备不同的基础条件。

详答：

（一）信托公司作为执行机构时，其需具备以下几个方面的条件：正常经营的状态并且具有执行项目的能力；监管当局需同意其开展慈善信托业务。

（二）慈善组织和正式注册且未被认定为慈善组织的社会组织作为执行机构时，其需具备以下几个方面的条件：（1）在相应级别的民政部门进行了正式登记注册，法人登记证书在有效期内；（2）按照要求定期披露年度工作报告；（3）有专职的工作人员；（4）有多元稳定的资金来源；（5）有完整的治理结构；（6）有严谨的内控制度；（7）公益项目的宗旨符合慈善信托设立的目的；（8）有完成该项目的优势资源或能力、经验。

（三）企业或社会企业作为执行机构时，其需具备以下几个方面的条件：（1）在相应级别的工商部门进行了正式登记注册，营业执照在有效期内；（2）按照要求定期披露年度工作报告；（3）有专职的工作人员；（4）有多元稳定的资金来源；（5）有完整的治理结构；（6）有严谨的内控制度；（7）有完成该项目的优势资源或能力、经验。

（四）备案类社会组织作为执行机构时，其需具备以下几个方面的基础条件：（1）至少具有 3 人及骨干成员；（2）具有常态化的运行管理机制；（3）具有执行类似公益项目的能力；（4）掌握慈善信托公益项目财务管理基本规范。由于备案类社会组织不具有独立法人资质，实务中可由注册类社会组织和备案类社会组织共同作为执行人，这样既能保证慈善信托公益项目的财务规范，又能实现慈善信托公益项目“接地气”的目的。

三、公益项目的公信力如何判断？

简答：

现行法律法规并无对公益项目公信力管理的明确规定，在实践中，对公信力的评价是多维度的，如合规、透明度、社会影响力等维度。判断或评价公益项目的公信力可依据慈善组织、研究机构开发的团体标准或评估体系，以及公益项目第三方评估报告。

详答：

大量的慈善组织和研究机构开发了诸多标准，各有其特点。本章介绍其中的一个标准，即中国慈善联合会 2020 年 6 月 9 日发布的《公益项目三 A 三力评估指南》团体标准（见表 9－1），供实践者参考。

表 9－1　公信力一级、二级指标构成、评估重点及逻辑关系

一级指标	二级指标	评估重点	逻辑关系
Aim 社会目标驱动力	组织与项目的使命和愿景	是否反映出非做不可的决心和非我莫属的信心，有使命感	从组织使命到项目战略到项目计划，呈现完整的一致性评估
	项目战略	项目战略与组织战略的一致性； 对社会需求的识别，及社会需求的公共性、公平性、紧迫性程度； 项目战略目标是否清晰； 项目逻辑是否合理； 项目实施计划是否具有可行性	
	资源禀赋	项目所拥有资源是否能足以支撑战略的实现	

续表

一级指标	二级指标	评估重点	逻辑关系
Approach 解决方案创新力	产品和服务	项目有明确的产品/服务，产品和服务是否独特且创新	产品和服务创新以及模式和运营创新构成创新的全部，但创新必须以财务的可行性为前提
	模式和运营	业务模式的创新性和增长性，以提高效率，促进指数型增长； 项目运营的创新性，以提高运营效率； 参与模式的社会性，以调动社会利益相关方参与	
	财务匹配	项目预算是否合理规范，是否有详细的财务可持续方案	
Action 行动效果转化力	团队执行力	团队能力与人员配备是否符合项目要求； 团队是否有凝聚力、执行力	以很强的项目执行力和专业的项目管理，保证项目目标的达成，用客观的项目产出、成果和影响力，验证转化力
	项目管理专业度	对涉及项目运营的关键环节如质量、财务、知识、公共关系、风险管理以及传播管理，是否有相关制度，以及执行效果如何	
	项目成果和影响力	项目有哪些直接产出和成果，预期目标是否达成； 是否产生了更广泛的影响力	

根据该团体标准，公信力是指在社会公共生活中，公共权力面对时间差序、公众交往以及利益交换所表现出的一种公平、正义、效率、人道、民主、责任的信任力。因此，对于公益组织/公益项目而言，公信

力表现为组织/项目的社会影响力以及在合规和透明方面的能力以及表现。

一个公益组织和公益项目的公信力至少包括三个方面:合规性、透明性和社会影响力。合规性,主要是对政府和行业自律约定负责。透明性是对利益相关方负责。社会影响力是对整体社会负责。

公信力评估是对公益组织和项目运营管理的合规、透明,以及项目本身创造的社会价值和影响力状态的“全面扫描”。

四、如何运用好慈善信托财产?

简答:

要想运用好慈善信托财产,首先,应按照信托文件执行,忠实履行受托义务,实现委托人的目标。其次,为了使慈善信托发挥更大的社会成效,应尽可能让慈善信托项目化运行。如果遇到特殊情况,可采取相对宽松的方式,不必项目化。最后,应设立完善的监督机制。

详答:

项目化,是指在社会问题识别和需求分析的基础上,遵循一定的逻辑框架,针对性设计活动并设立相应指标,合理配置相应的人员及其他资源投入,验证活动所带来的产出、成果和影响。在实施过程中,可依据项目设计进行过程管理,根据实施结果进行结果评估。

慈善信托资产运用采取项目化的原因:一是有理论基础。项目化的基本理论是“变革理论”。二是在实践中,在社会领域应用广泛,项目化在国际援助、农村发展、社会工作等领域被广泛应用。三是项目化具有多重好处。项目化使慈善信托资产使用方向和方式更加科学;

项目化使慈善资产的使用过程更加规范,使资产使用成效更容易被测量和评价;项目化能够实现委托人的意愿和受益人的需求的双向良性互动。

如果遇到特殊情况,慈善信托资产使用可采取相对灵活宽松的方式,不必项目化。第一,职能化资助。资助项目或机构的某一个岗位,例如,直接资助研究人员或者讲席教授等。第二,专项资助。例如,资助组织的行政办公、研发、传播费用等。第三,用于对已有项目的补充配比,由组织自由支配。灵活资助包括但不限于以上形式,但受资助对象应当据实向慈善信托报告和披露资金使用情况和公益活动取得的成效。

五、慈善信托的多个同类备选项目,如何评价选优?

简答:

立项阶段的项目评估实质上是一种筛选机制,立项评估的方式方法多种多样,应根据项目资金体量大小、项目本身的复杂性、委托人意愿,组建合适的立项评估团队,采取合适的评价体系。立项评估的评价体系应考虑多种因素,如项目设计科学性、项目执行团队能力适配性、预算编制的合理性。一般而言,资金体量较小的项目、委托人无特殊要求的项目的立项评估体系较为简单。项目资金体量较大或项目本身较为复杂,以及委托人有特殊需要的,则需要较为复杂的评价体系。

在实践中,大量研究机构、公益组织,以及开启公益创投的公共部门,依据不同的理论开发了多种项目评估模式或者评估体系,这些评估模式通常会将立项评估、过程评估、结项评估进行综合考虑。与其他两类机构相比较,公共部门开发的公益创投评估体系更关注财务的合规性。

详答:

学者卡罗尔·韦斯(Carol. Weiss)提出基于项目的发展阶段可以将评估分为形成性评估(formative evaluation)和总结性评估(summative evaluation)。形成性评估主要针对项目正在形成和细化的阶段,其追求项目完善和标准化发展,主要了解项目的执行情况,收集相关的活动信息,考察项目运行中的情况,项目处于尚未完全成熟阶段,关注过程评估。清华大学公益慈善研究院的王名教授在《慈善组织与慈善项目评估标准研究》一书中将慈善项目评估分为事前评估、中期评估、终期评估三个阶段共 14 个二级指标体系。其中事前评估包括:可行性、必要性、项目策划书、项目的物质基础评估四个指标。

中国慈善联合会于 2020 年 6 月 9 日发布的《公益项目三 A 三力评估指南》团体标准(见表 9 - 2),可用于项目前期、中期、后期的评估。该项目主要基于社会价值评估,所谓社会价值评估是对组织或项目创造价值的综合性评估,以呈现经济、社会和环境的综合贡献为目的,以考量 Aim 社会目标驱动力、Approach 解决方案创新力、Action 行动效果转化力为逻辑,以经验理性与数据回溯相结合的方法建立而成。

表 9－2 《公益项目三 A 三力评估指南》三级指标构成及评估重点

一级指标	二级指标	三级指标	指标编号	评估重点
Aim 社会目标驱动力	组织及项目的使命和愿景	组织的使命愿景价值观	A1－1－1	是否体现出非做不可的决心和非我莫属的信心；是否有清晰的价值观
		项目的使用愿景价值观	A1－1－2	
	项目战略	项目战略描述	A1－2－1	项目战略描述(用何种方法、做什么事、达到什么目标)是否清晰； 项目战略是否与组织战略相一致； 对社会需求的识别和描述是否精准； 社会需求公共性、公平性和紧迫性程度； 目标群体画像是否具体精准
		项目逻辑	A1－2－2	是否具备项目成功实施的前提条件； 项目投入产出之间的因果性； 产出与社会影响力之间的因果性； 是否确立了项目成功的关键评估指标
		项目实施计划	A1－2－3	是否有具体的项目实施计划； 项目实施计划是否可操作

续表

一级指标	二级指标	三级指标	指标编号	评估重点
Aim 社会目标驱动力	资源禀赋	外部环境和资源	A1－3－1	项目战略是否与国家大政方针、社会发展趋势相一致； 是否拥有相匹配的外部资源
		内部能力和资源	A1－3－2	组织内部能力和资源是否能够支撑项目战略的实现
Approach 解决方案创新力	产品和服务	产品/服务的独特性	A2－1－1	产品/服务在同行中是否具有独特性
		技术/理念的创新性	A2－1－2	产品服务的设计中是否运用了新技术、新方法、新理念
	模式和运营	业务模式的创新性	A2－2－1	是否有创新设计(如众筹众创众包、交叉补贴、共享经济、循环经济、社群经济、互联网经济等)； 是否有利于促进项目增长性的创新设计，包括受益对象、项目规模、渠道和流量、利益相关方和参与方等，从而使项目具有指数型增长的可能性
		项目运营的创新性	A2－2－2	在计划、组织和控制方面，是否有相应的制度性的机制和规定； 是否开发出工具和系统； 这些机制、做法，工具、系统是否创新

续表

一级指标	二级指标	三级指标	指标编号	评估重点
Approach 解决方案创新力	模式和运营	参与模式的社会性	A2－2－3	是否尽一切可能，调动社会利益相关方参与； 在社会利益相关方动员和参与方面，是否有创新的机制和做法（如社会监督/咨询委员会等）
Approach 解决方案创新力	财务匹配	项目预算	A2－3－1	项目预算是否与项目目标和活动一致；项目预算中的成本和费用控制是否与组织规定一致； 是否有项目的“单位成本/单位募捐额”计算
Approach 解决方案创新力	财务匹配	资金持续	A2－3－2	项目资助方画像是否精准和具体； 项目是否有稳定的资金来源； 资金来源是否多元（如政府采购、企业捐赠、基金会捐赠、服务收入等）； 项目是否有充分的执行和管理费用
Action 行动效果转化力	团队执行力	领导力	A3－1－1	领导人在本项目团队、机构以及行业各层面的凝聚力和感召力
Action 行动效果转化力	团队执行力	专业能力	A3－1－2	项目执行团队的专业能力能否支持项目发展，或有专业能力补充计划

续表

一级指标	二级指标	三级指标	指标编号	评估重点
Action 行动效果转化力	团队执行力	组织协作	A3-1-3	理事会、管理层、平行部门对项目的支持程度
		团队文化	A3-1-4	项目团队具有崇高而热切的推动社会变革的理想和使命感,有开放、创新、进取、包容、共享、协作的团队文化
	项目管理专业度	质量管理	A3-2-1	是否制定了项目监测和评估制度; 是否能够定期总结和上报项目执行进度和完成的质量,形成阶段性总结报告; 是否注重项目经验和成果的提炼、总结和分享,使项目能够持续改进
		财务管理	A3-2-2	是否有项目台账管理; 项目结项或年度总结时,决算与预算是否一致?若有超支,是否能说明理由; 审计报告中是否出现负面审计意见/是否出现与财务相关的负面新闻
		知识管理	A3-2-3	是否有明确的知识管理制度和行动,包括但不限于: (1)档案管理:是否对项目实施过程中的关键数据、信息、文档或变更等有完整的档案留存; (2)项目管理:是否通过及时的项目复盘对项目进行迭代和升级

续表

一级指标	二级指标	三级指标	指标编号	评估重点
Action 行动效果转化力	项目管理专业度	信息披露	A3－2－4	是否根据相关规定要求,定期披露项目信息; 重大事项是否及时向业务主管单位报备或报批
		风险管理	A3－2－5	是否对项目风险因素进行事前识别,并有管控和应对措施; 是否对项目参与者的伦理风险进行识别和防范; 是否产生风险事件,对项目和组织是否产生重大负面影响
		项目传播	A3－2－6	是否制定了明确的传播方案和计划; 是否根据传播计划开展了项目传播活动和媒体报道,项目知名度明显提高
	项目成果和影响力	项目产出	A3－3－1	项目计划中的项目活动、目标群体数量、主要产出物等是否得到落实
		项目成果	A3－3－2	项目给目标群体及其他利益相关方带来的改变是否达到预期
		社会成效	A3－3－3	项目是否给目标群体及其他利益相关方带来长期、正向的改变; 项目是否直接参与或推动法律、政策、标准等的制定和出台

六、对慈善信托项目如何管理，才能确保规范专业？

简答：

基于项目管理先后顺序，首先，项目设计要科学、逻辑严密；其次，过程管理要严谨规范；最后，项目结束要有相应的评估。

详答：

（一）如何判断项目设计科学合理

项目设计科学与否重点看项目计划书中对项目设计的呈现。项目计划书的必备要素：一是可行性研究报告或需求评估报告；二是目标、方案、效果验证的逻辑框架；三是风险管理。（见图 9－1）

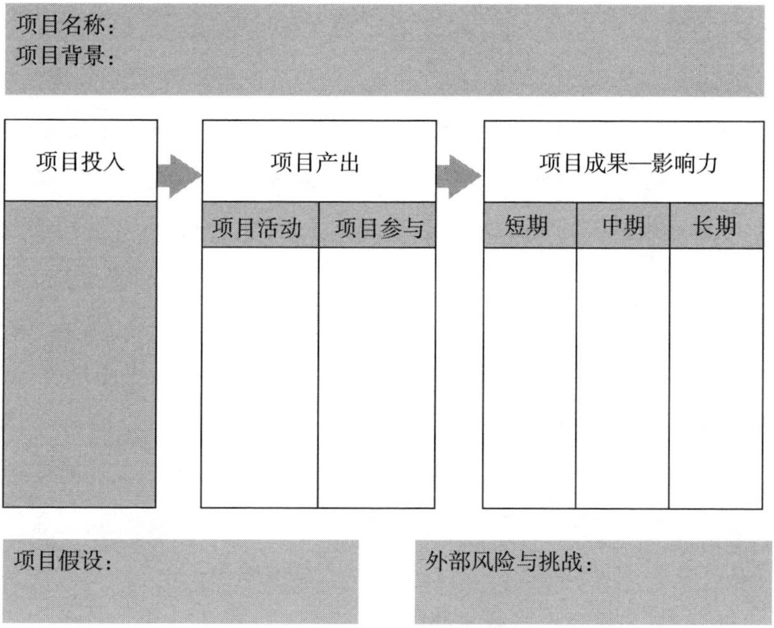

图 9－1　项目逻辑框架

在可行性研究报告或需求评估报告方面,重点是社会问题的识别、需求分析。其中,在问题识别环节,应着重看问题并找到问题产生的原因而非仅分析问题现象,需求分析中要注意需求相互验证。

在目标、方案、效果验证的逻辑框架方面,目标是指项目是否有明确的使命愿景价值观。具体包括:项目战略描述(用何种方法、做什么事、达到什么目标)是否清晰;项目战略是否与组织战略相一致;对社会需求的识别和描述是否精准;社会需求公共性、公平性和紧迫性程度;目标群体画像是否具体精准。

方案具体包括:是否有具体的项目实施计划;项目实施计划是否可操作;是否具备项目成功实施的前提条件;是否确立了项目成功的关键评估指标;项目预算是否合理规范,是否有详细的财务可持续方案;项目是否制定了明确的筹款方案;是否制订了明确的传播方案和计划。

效果验证的逻辑框架具体包括:项目投入产出之间的因果性;产出与社会影响力之间的因果性;项目计划中的项目活动、目标群体数量、主要产出物等是否得到落实;项目给目标群体及其他利益相关方带来的改变是否达到预期;项目是否给目标群体及其他利益相关方带来长期、正向的改变;项目是否直接参与或推动法律、政策、标准等的制定和出台;是否根据传播计划开展了项目传播活动和媒体报道,使项目知名度明显提高。

在风险管理方面,是否对项目风险因素进行事前识别,并有管控和应对措施;是否对项目参与者的伦理风险进行识别和防范;是否产生风险事件,对项目和组织是否产生重大负面影响。

(二)项目管理过程原则及经验

项目管理的完整周期,包含项目立项、项目计划、项目实施、项目监测、项目评估。

项目管理维度：进度管理、质量控制、预算/财务管理、人力资源/志愿者管理、知识管理、筹款管理、传播、信息披露、项目变更。

项目报告周期：根据项目周期长短、资金规模、类型，可以适当选择按月、季度、半年、年度进行披露；紧急救灾阶段每周进行披露。

具体管理细则：

质量管理，是否制定了项目监测和评估制度；是否能够定期总结和上报项目执行进度和完成的质量，形成阶段性总结报告；是否注重项目经验和成果的提炼、总结和分享，使项目能够持续改进。

财务管理，是否有项目台账管理；项目结项或年度总结时，决算与预算是否一致，若有超支，是否能说明理由；审计报告中是否出现负面审计意见/是否出现与财务相关的负面新闻。

知识管理，是否有明确的知识管理制度和行动，包括但不限于：档案管理，即是否对项目实施过程中的关键数据、信息、文档或变更等有完整的档案留存；项目管理，即是否通过及时的项目复盘对项目进行迭代和升级；信息披露，即是否根据相关规定要求，定期披露项目信息；重大事项是否及时向业务主管单位报备或报批。

风险管理，是否对项目风险因素进行事前识别，并有管控和应对措施；是否对项目参与者的伦理风险进行识别和防范；是否产生风险事件，对项目和组织是否产生重大负面影响。

项目传播，是否制定了明确的传播方案和计划；是否根据传播计划开展了项目传播活动和媒体报道，使项目知名度明显提高。

（三）项目报告周期

根据相关规定的要求，定期披露项目信息；重大事项及时向业务主管单位报备或报批。根据项目周期长短、资金规模、项目类型，可以适当选择按月、按季度、按半年、按年度来进行项目披露；紧急救灾阶段每周进行披露。

依照《慈善法》第73条的规定，具有公开募捐资格的慈善组织应当定期向社会公开其募捐情况和慈善项目实施情况。公开募捐周期超过6个月的，至少每3个月公开一次募捐情况，公开募捐活动结束后3个月内应当全面公开募捐情况。慈善项目实施周期超过6个月的，至少每3个月公开一次项目实施情况，项目结束后3个月内应当全面公开项目实施情况和募得款物使用情况。依照《慈善法》第74条的规定，慈善组织开展定向募捐的，应当及时向捐赠人告知募捐情况、募得款物的管理使用情况。依照《慈善法》第75条的规定，慈善组织、慈善信托的受托人应当向受益人告知其资助标准、工作流程和工作规范等信息。

七、如何挑选合适的慈善信托项目管理人员？

简答：

选择合适的项目管理人员可以从专业能力、职业道德、个人经验特长与项目特点适配性等方面综合考虑。

详答：

(一)如何衡量慈善信托项目管理人员的专业能力

对于项目管理人员的专业能力主要从项目管理知识水平、项目管理技能训练情况、项目管理工具运用情况、项目管理经验等方面进行衡量。

衡量项目管理人员的项目管理知识水平，可从以下方面考察：是否拥有项目管理资质证书；是否接受过项目管理知识学科教育；参加项目管理继续教育时长。

对于项目管理人员的项目管理技能训练情况，可从以下方面考察：项目执行团队的专业能力能否支持项目发展；是否有专业能力补充计划；是否制定了项目监测和评估制度；是否能够定期总结和上报项目执行进度和完成的质量并形成阶段性总结报告；是否注重项目经验和成果的提炼、总结和分享，使项目能够持续改进。

对于项目管理人员运用项目管理工具情况，可从以下方面考察：如对工作分解结构（WBS）、工作进度表（甘特图）、预决算对比表（BVA）等工具的熟练程度，以及对风险识别及风险容忍度设置、项目监测和评估方法的运用情况，项目经验提炼能力，项目档案管理的规范性等方面。

对于项目管理人员的项目管理经验，可从以下方面考察：累计项目管理数量、累计管理项目的资金规模、同时管理项目数量、所管理项目的资方类型及数量维、最大单一项目的资金规模、项目管理团队成员数量、管理团队成员结构（专职、兼职、志愿者的比例）、在项目管理团队当中的角色（统筹、执行、协助）、单一项目最多利益相关者数量等。

（二）如何衡量项目管理人员的职业道德水平和职业操守

主要从利益相关者的评价进行衡量。如同行评价、直接上司的评价、资方评价、受益对象的评价。

（三）如何衡量项目管理人员与所管理项目的适配性

主要从以下方面进行衡量：项目服务领域的适配性、项目类型的适配性、经验能力要求的适配性、受益人规模适配性、资金规模适配性等。

八、慈善信托是否需要组织项目评选的决策委员会?

简答:

我国现行法律并未对慈善信托的决策模式有明确要求或进行严格的限制,委托人和受托人可以视实际决策目的与预期达到的决策效果,在慈善信托文件中对决策方式进行灵活约定。

在实践中,一般而言,委托人参与了决策;大多数慈善信托设立了决策或评审委员会;决策程序根据慈善信托财产规模大小发生相应变化,慈善财产规模较小的项目,决策程序相对简单;慈善财产规模较大的项目,决策程序较为复杂。

详答:

在实践中,慈善信托无固定的决策模式,较为常见的决策模式主要有以下几种:

(一)在慈善信托内部组建决策委员会对相关事项进行决策

该决策模式的优点在于,通过灵活设置决策委员会成员的构成与表决方式,保障多方参与决策活动,从而体现科学、民主的决策意志。

就决策委员会的成员设置而言,委托人和受托人可以考虑向决策委员会委派成员,参与决策。在实践中,如果委托人或受托人不具备相关领域的经验(尤其是在单一受托模式下),往往会聘请第三方机构的专家人员(如外部财务顾问,或慈善组织的专家等)共同参与决策。

就决策委员会的议事规则和表决方式的设置而言,可视事项的重要性设置建议提出方式、表决通过比例等。必要时,根据法律规定也可视委托人对决策事项的特殊要求决定是否授予其一票否决权、提案权等。

(二)由委托人对受托人直接下达决策指令

在该决策模式下,委托人就事先约定的由其全权决定的特定事项,直接向受托人下达指令。受托人可以向委托人提供相关建议,但无最终决定权。该决策模式体现出委托人在特定决策事项中较强的掌控意愿,这在实践中并不常见。其劣势在于,无法在决策中引入专业人士以促成科学的决策效果,也易出现委托人就相关事项独断处理的情况。为改善这一情况,实践中会赋予受托人建议权,或聘请外部专家顾问提供决策意见。

(三)由受托人进行自主决策

在该决策模式下,委托人将特定事项的决策权全权交予受托人行使,受托人对于特定事项享有最终的决定权。受托人的行事原则虽然受到信托文件(如委托人限定的范围、信托目的等)的约束,但是在该决策模式下,其处理事务、管理财产却是遵从于其本身的独立意志的。

恰当地运用此种决策方式有利于充分发挥受托人在特定领域的专业能力。当信托公司作为受托人时,委托人可以将信托财产投资管理相关事项的决策权交予信托公司,信托公司董事会下设投资决策委员会,对前述事项召开委员会会议进行表决,该委员会通常由投资领域的专业人士组成,对投资相关的决策事项有较为专业的判断力。当慈善组织作为受托人时,委托人可以将慈善活动管理相关事项的决策权交予慈善组织,慈善组织下设理事会或慈善信托的项目管理委员会,通常由在慈善领域有丰富经验的专家组成,对慈善项目管理相关的决策事项亦能作出较为专业的决策。

(四)由另行聘请的第三方专家或专业机构进行决策

该决策模式常见于单一受托人的慈善信托模式中。慈善信托有实现信托资产的保值增值和保障慈善目的实现的双重目的,而作为单一受托人的信托公司或慈善组织仅凭自身的经验与专业能力不足以完全保障前述两个主要目的项下所有事项的专业决策。因此,委托人或单一受托人需要另行聘请具有特定领域专业经验的机构负责相关决策。

九、如何评估项目的影响?

简答:

评估慈善信托慈善项目的基本原则是实事求是,但有区别。实事求是指慈善项目是否忠实遵守了信托文件,是否实现了委托人的目标;有区别是指根据慈善项目资金规模大小、项目受益群体规模大小、项目专业技术复杂程度、项目周期等维度,确定个别化的评估方式。一般而言,对于资金规模较小,委托人无特殊要求的慈善信托慈善项目,评估方式从简,评估重点在于项目是否按照信托文件的要求实施。资金规模较大,或委托人对项目成效或项目社会影响有特殊需要的,则需要较为复杂专业的评估。

详答:

在实践中,大量研究机构、公益组织,以及开启公益创投的公共部门,依据不同的理论开发了多种项目评估模式或者评估体系。邓国胜在借鉴国外的“三 E”、“三 D”和顾客满意度理论的基础上提出了非营利组织评估理论“APC”理论和“综合绩效评估”框架进行实证研究,并以此为指导完成了《幸福工程》项目的绩效评估,主要是对项目的必要性、优先性、合理性等进行项目选择的适当性评估,从效率、效果、质量等分析项目的成效,从人口与计划生育和妇女地位的变化说明项目的社会影响,从受益人能力的建设、组织实施者的能力和环境影响三方面说明项目的可持续性。近年来,起始于投资领域的社会投资回报(Social Return of Investment,SROI)评估被引入公益项目的影响力评估。SROI 用于衡量财务外的价值,如目前传统财务科目未反映或未涉及的环境或社会价值。任何实体都可以用它来评估对利益相关方的影响,确定改进业绩的方法,并提高投资的业绩。

国内学者刘程程在大量的基金会等级评估、社会组织政府购买服务和项目评估经验的基础上,提出了"KPS"评估方法。该方法强调在评估中要关注"节点性问题(Key Problem) - 模式(Pattern) - 技术(Skill)"这三个专业要素,其中最核心的是通过分析项目模式来评估公益项目的专业性及其与项目效果之间的对应关系,实现对项目的深度评估。刘忠亮认为项目的评估方法服务于评估目的。从评估的目的来看,主要有从项目影响的角度展示项目成果的结果型评估。

中国慈善联合会《公益项目三 A 三力评估指南》(T/ZCL 003—2020)评估主要是基于社会价值评估,所谓社会价值评估是对组织或项目创造价值的综合性评估,以呈现经济、社会和环境的综合贡献为目的,以考量 Aim 社会目标驱动力、Approach 解决方案创新力、Action 行动效果转化力为逻辑,以经验理性与数据回溯相结合的方法建立而成。评估项目成果和影响主要从项目主要的产出和成果、项目给利益相关方带来的改变、项目直接或推动带来的改变、项目获得的奖项或荣誉四个维度进行。

(一)项目主要的产出和成果,是指开展活动的情况、主要捐赠数据、覆盖人群/地域数量、知识产权产品等;预期目标是否达成;是否产生了更广泛的影响力。

(二)对各利益相关方带来的改变。(见表 9 - 3)

表9-3　对各利益相关方带来的改变的评估

利益相关方	名称	规模	短期变化	长期变化(2年后)
A			指标1： 指标2： 指标3：	
B			指标4： 指标5： 指标6：	
C			指标7： 指标8： 指标9：	

(三)本项目直接参与或推动了的改变,是指社会公众观念或行为的转变、主动的外部资源支持;政策法规制定;标准制定。

(四)专业领域的奖项或荣誉,如国际奖项、国家级奖项、省市级奖项、其他政府奖项、民间奖项、行业奖项、其他(请列明)。

第十章　慈善信托的发展机遇

一、我国慈善信托的发展概况(2022 年)

简答：

随着《信托法》《慈善法》等法律法规相继颁布施行，我国慈善信托规制体系已经基本建立，慈善信托参与主体更加广泛，管理运行也日益规范。慈善信托备案单数和规模平稳增长，慈善方式也在持续创新，整体发展呈现良好态势。

详答：

从 2016 年 9 月 1 日正式实施的《慈善法》第 44 条规定的“慈善信托”的概念来看，“慈善信托”属于公益信托，是指委托人基于慈善目的，依法将其财产委托给受托人，由受托人按照委托人意愿以受托人名义进行管理和处分，开展慈善活动的行为。

慈善信托具有以下特征：(1)以开展慈善活动为目的；(2)形式灵活多样；(3)慈善财产相对独立。

一般认为，慈善信托诞生于 400 多年前的英国。英国《慈善用益法》是慈善信托诞生的基本法律规定。随着信托制度用于公益慈善事业被各个国家所了解，用信托的方式开展公益慈善事业逐渐获得更多国家的认可，也使这种实践从英国走向了世界。

在我国，虽然慈善思想与公益行为源远流长，但现代慈善信托起步很晚。2001 年，《信托法》出台，我国的信托业开始逐渐步入正轨。2016 年，在《慈善法》明确慈善信托属于公益信托后，慈善信托才迎来新的发展机遇。

从国内慈善信托的发展历程来看，慈善信托的发展大致经历了两个阶段：

（一）萌芽探索期

2001 年，《信托法》对公益信托的建立起到了基础性作用，并对公益信托进行了原则性规定。

《信托法》对公益信托的定义是为救济贫困，救助灾民，扶助残疾人，发展教育、科技、文化、艺术、体育事业，发展医疗卫生事业，发展环境保护事业和其他社会公益事业而设立的信托。

由于《信托法》没能明确慈善信托各个主体的权利与义务，在一定程度上阻碍了慈善信托的发展。2015 年年底的数据显示中国公益信托仅有 16 单，资金规模仅为 1.25 亿元。

（二）蓬勃发展期

2016 年 9 月，《慈善法》施行，明确慈善信托属于公益信托，标志着我国慈善信托规制体系基本建立。

2017 年 7 月 7 日，为贯彻落实党中央决策部署，规范慈善信托，保护慈善信托当事人的合法权益，促进慈善事业发展，原中国银行业监督管理委员会、民政部联合印发《慈善信托管理办法》，标志着我国慈善信托规制体系逐步完善。之后，各地针对慈善信托相继制定了规范性文件。至此，我国建立了相对完备的慈善信托法律法规和操作规范。

2018 年共增加慈善信托备案 59 单，2019 年共增加慈善信托备案 108 单，2020 年共增加慈善信托备案 257 单，社会组织担任委托人的慈善信托数量也显著增加。截至 2021 年年底，全国累计慈善信托备案达 773 单，财产规模达 39.35 亿元。其中 2021 年新设立慈善信托共计 227 单，慈善信托数量及规模实现平稳增长。截至 2022 年 11 月，全国累计慈善信托备案突破“1000 单”大关，财产总规模逾 44.4 亿元。

《慈善法》实施以来,我国慈善信托整体发展呈现出以下良好态势:(1)慈善信托发展稳健,潜力巨大;(2)参与主体更加广泛;(3)扶贫、乡村振兴慈善信托发展显著;(4)备案区域更加广泛;(5)慈善信托管理运行规范。

随着慈善组织与信托公司及其各自监管机构不断深入地对话与沟通,慈善信托的立法规范逐步完善,上述法律法规基本涵盖了慈善信托的基本法律关系、运行机制、管理细则等多个方面,构成了慈善信托较为完备的法律及监管架构。

就我国慈善信托整体发展状况而言,现阶段慈善信托呈现以下特点:(1)慈善捐赠主体多元化:捐赠主体由企业逐步转向个人;(2)慈善捐赠标的日趋多样性:出现了股权、有价证券、知识产权等;(3)慈善信托备案单数和规模稳中有升,总体呈现增长趋势;(4)慈善信托目的多样化:慈善信托投向扶贫济困、生态环保、教育人文、中医药文化等多个领域;(5)慈善信托的期限和架构多样化;(6)地方政府主管部门对慈善信托的宣传力度加大。从受托人的角度进行分类,现阶段我国在实务工作中有以下几种常见的慈善信托模式:

模式一:信托公司作为受托人

(1)慈善组织作为委托人

此种模式的交易结构为:慈善组织作为委托人,将慈善资产委托给信托公司设立慈善信托;信托公司作为受托人管理信托财产,并向慈善组织确定的受益人分配慈善信托财产。该模式的一个最大的优势在于弥补了慈善信托中税收优惠配套制度的缺失,而慈善组织作为委托人,主要解决了慈善信托不能开具捐赠票据和享有抵税资格的问题。根据现行法律规定,慈善组织可以开具捐赠发票,信托公司无法开具捐赠发票。

(2)慈善组织作为公益慈善项目执行人

此种模式的交易结构为:委托人将信托财产交由信托公司设立慈善信托,信托公司作为受托人对信托财产进行保值增值,在确保遵循信托文件以及信托文件约定的慈善信托的信托目的的前提下,通过信托资金的使用,开展委托人或委托人指定的代理人确定的公益慈善项目,聘请慈善组织作为具体实施慈善项目或开展慈善活动的执行人,从而使受益人获益。

在慈善信托实践中,2022 年浙江省开出了全国首张有政策文件支持的、慈善信托执行人直接向委托人开具的捐赠票据。2022 年 3 月 30 日,在浙江省杭州市民政局、财政局、税务局和浙江银保监局等单位代表的共同见证下,微笑明天慈善基金会向"浙金 · 大爱无疆 1 号"慈善信托委托人开具了公益性事业捐赠票据。这是中国慈善信托发展史上值得记录的一件大事。

模式二:双受托人模式,即慈善组织与信托公司共同担任受托人

在该模式下,慈善组织与信托公司均作为受托人,共同签订信托文件。慈善信托的受托职责由信托公司和慈善组织分工承担。常见的职责分工为:慈善组织负责慈善项目的实施与管理,信托公司负责信托财产投资管理及信托利益分配。在双受托人的模式中,最重要的就是通过制度设计将两者分别管理的事项进行明确划分,在信托财产独立、隔离风险的基础上,通过协议灵活管理财产,最终更好地用于慈善活动的开展。

模式三:慈善组织作为单一受托人

此模式的交易结构为:慈善组织独立承担受托人的责任和义务,接受委托人的委托设立慈善信托,慈善组织在银行开立慈善信托专户,既负责信托账户的管理,也负责信托资金的使用和运作,并根据委

托人的意愿完成公益项目的直接执行或寻找合适的项目执行人。

已有案例中曾出现过在慈善组织作为受托人的前提下，慈善组织在慈善信托运行中聘请信托公司开设信托资金账户，并作为账户管理人对信托资金进行管理，根据受托人的意愿支出并做好记录的情况。

在慈善信托实践中，委托人凭慈善信托备案能否获得税收优惠，目前还没有一个明确的法律规定。在具体操作中，能否获得税收优惠主要受地方政策的影响。

2023 年 3 月，中国银保监会正式颁布《关于规范信托公司信托业务分类的通知》（银保监规〔2023〕1 号）。其中，第 2 条规定，信托公司应当以信托目的、信托成立方式、信托财产管理内容为分类维度，将信托业务分为资产服务信托、资产管理信托、公益慈善信托三大类共 25 个业务品种。随着新规的落地，信托公司转型资产服务信托业务的压力将进一步增加，同时进一步促使其向慈善信托业务转型，推动信托公司与慈善组织合作。

慈善信托作为一种将慈善行为和信托制度融合创新的业务模式，已越发成为企业和个人参与慈善活动的新选择。近几年，我国社会的慈善氛围越发浓厚，不仅调动了更多的社会资源积极参与到慈善事业发展中来，还积极引导了社会资源更有效地服务于社会公共利益，其在第三次分配中扮演重要角色。[①]

二、慈善信托发挥社会功能时有什么优势特点？

简答：

结合《信托法》和《慈善法》的法律条文，只要委托人把自己的财

① 以上发展概况不含我国香港特别行政区、澳门特别行政区、台湾地区发展情况。

产转移给受托人,受托人管理和运用信托财产,遵循委托人确定的公益目的,把信托财产用于该公益目的的信托,即为慈善信托。慈善信托具有多种社会功能,如支持发展公共服务机构、开展创新资助方法探索、资助长期项目、实现纪念意义、建立特需人群照护模式等。

慈善信托在发挥社会功能时,具备推动解决复杂社会问题、鼓励慈善捐赠、永久存续,以及保护受益人权益和家族精神传承等优势特点。

详答:

信托是委托人基于对受托人的信任,将其财产权委托给受托人,由受托人按委托人的意愿以自己的名义,为受益人的利益或特定目的,进行管理和处分的行为。慈善信托是仅以实现社会慈善事业为目的,并以全社会或部分社会公众为受益人的信托。根据英美信托法理论的概括,慈善事业是指对社会有价值或有重要社会意义的事业;它包括发展济贫、教育、宗教、医疗、体育、科学研究、文化艺术、市政建设等各方面的事业。

自2016年9月1日《慈善法》正式实施以来,我国慈善事业仍以慈善捐赠为主。就慈善信托而言,首先是在公益慈善行业和金融领域特别是信托行业,迎来新的发展机遇。

2022年10月16日,党的二十大报告提出:"中国式现代化的本质要求是:坚持中国共产党领导,坚持中国特色社会主义,实现高质量发展,发展全过程人民民主,丰富人民精神世界,实现全体人民共同富裕,促进人与自然和谐共生,推动构建人类命运共同体,创造人类文明新形态。"

慈善信托在实现全体人民共同富裕的背景下,支持慈善活动开展,可在第三次分配中发挥更大作用,共享现代化成果。

慈善信托在发挥社会功能时，具备以下优势：

（一）推动解决复杂社会问题

慈善信托能通过长期的规划，更好地回应复杂的社会问题。许多重大社会问题的改善和解决，需要进行长期持续不断的努力。相对于常规的慈善参与方式，慈善信托能在识别问题、制定解决方案等过程中，动员社会力量，吸纳、储备慈善资源，从更长远的角度寻求社会问题的解决。

（二）专业规范，鼓励捐赠

专业投资，管理规范。慈善信托是“慈善 + 金融”的结合，一方面，信托财产及其收益全部用于慈善事业；另一方面，信托财产除支持慈善项目开展外，在投资风险可控的前提下追求财产的保值和稳健增值。以众所周知的诺贝尔基金会为例，从 1901 年第一次颁发诺贝尔奖开始，已经走过 120 余年，除了世界大战中断的几年，诺贝尔基金会每年都要发放大量的奖金。如今诺贝尔基金会所管理的财富相比成立时的资产增值了 100 多倍，这正是一个用金融工具放大慈善效益的实例。

对于委托人来说，慈善信托作为一种资产增值工具，一种法律架构，一种慈善行为，其管理成本低。慈善信托采取备案制，设立更便捷，且严格要求按照诚信、真实、完整、准确、及时的原则向委托人和受益人披露慈善信托管理、运用和处分信托财产的相关信息。对出资人来说，相较于设立公益慈善基金会，设立慈善信托将大幅节约时间成本和运营成本。委托人可自由约定年度慈善支出的比例或数额，实现慈善目的，同时确保慈善信托财产的合规运用及管理。

（三）财产独立，风险隔离

通过独立的信托专户实现信托财产单独保管，与委托人和受托人的固有财产相区别。受托人管理信托财产,必须恪尽职守,履行诚实、信用、谨慎、有效管理的义务,确保委托人交付的信托财产切实用于慈善目的,使慈善信托财产的风险得到充分隔离,以更好地发挥社会功能。

(四)权力制衡,受益保护

在慈善信托架构下,出资人/捐赠者基于对受托人的信任,将其财产权委托给受托人,由受托人按委托人的意愿以自己的名义,遵循慈善目的,进行管理和处分。委托人可以保留对信托财产的指令权或监督权,在不违反信托文件所约定的慈善目的的前提下,委托人可以对信托财产的安排拥有更多决策权。这样一方面保证善款得到专业、有效的管理;另一方面确保了信托财产的运用不会背离慈善信托设立时所约定的"慈善目的",保证了受益人的利益。

需要说明的是,信托监察人或监督委员会的设立,有助于监督慈善信托规范运作。信托监察人或监督委员会根据慈善信托文件约定及相关法律、法规,负责监察慈善信托事务管理、信托财产保值增值投资、对外慈善支出/捐赠管理,以及受托人对慈善信托的期间管理等事宜。

(五)期限灵活,永久存续

慈善信托的期限,既可以有一定年限,也可以无限期存续。当受托人不具有管理慈善信托财产的能力时,可以依法对其予以更换;当信托机构破产清算时,慈善信托财产不属于其被清算的财产,应当移交新受托人继续管理,不影响慈善信托的存续。

(六)家族慈善,精神传承

家族慈善信托不仅是金钱物质财富的传承,更是家族文化观、道德观和价值观的传承;不仅是家族企业履行社会责任的体现,也是企业家回馈社会,持续发挥家族影响力的过程。

发展家族慈善信托,不仅可以满足家族成员的生活需要,同时可以满足更多的人对美好生活的向往，充分发挥慈善事业第三次分配作用，助力共同富裕。更重要的是，通过发挥慈善信托的制度优势，可以跨越委托人的生命周期，将其家族的价值内核传递给后代，提高家族凝聚力与向心力，树立良好公众形象，实现家族精神财富传承。

三、慈善信托和慈善捐赠有什么不同？

简答：

慈善信托与慈善捐赠是社会公众参与公益慈善的两种不同途径。人们在参与社会公益事业时，两者基本上能达成同样的公益目的。但这两种慈善行为在法律关系、财产性质、当事人等方面具有明显的差别。

当前，我国的公益慈善事业主要是依靠基金会、社会团体和社会服务机构等慈善组织，且大多只能接受现金和实物捐赠；而慈善信托除可以接受现金和实物捐赠之外，还可以接受包括股权、股权收益权、不动产、艺术品、保险金请求权、家庭遗产、信托收益权等在内的各类有价财产和财产权，捐赠财产范围更广泛。此外，慈善信托将现代金融方式融入社会制度创新，可广泛吸纳、运作社会捐赠的巨额财富，并按委托人意愿将投资收益用于公益事业，为大额慈善捐赠、遗产捐赠以及众多类型丰富的财产捐赠难以落地等问题提供了较好的解决路径。

详答：

当前社会公众对慈善信托的认识相对较少，对慈善捐赠的认识相对更多。对于家族慈善而言，其有 17 种主要的家族慈善制度，其中 10 种直接或间接地与信托制度相关，具体包括：自己做、慈善捐赠、志愿者服务、家族基金会、公共基金会、专项基金、DAF 捐赠人指导基金、慈善信托、家族慈善信托、家族信托、保险金信托、特定目的信托、遗嘱信托、社会团体、社会服务机构、社会企业、社会影响力投资。

慈善信托与慈善捐赠同属于社会各界参与慈善事业的载体和途径,两者都是服务于社会的公益事业,但还是存在一定不同。

(一)法律关系不同

信托与赠与是完全不同的两种法律关系。

信托法律关系由委托人、受托人和受益人三方当事人构成,这三方即为我国《信托法》第四章所称的信托当事人。慈善信托的特点是设立时受益人不是特定的,但这并不意味着慈善信托当事人中缺少受益人,受益人在慈善信托的运行过程中可予以确定,所以慈善信托仍然是三方当事人形成的信托法律关系。

慈善捐赠是一种以慈善为目的的赠与活动,是指自然人、法人和其他组织基于慈善目的,自愿、无偿赠与财产的活动,是赠与人将自己的财产无偿给予受赠人,受赠人表示接受的一种行为。慈善捐赠属于赠与合同,是一种合同法律关系。赠与合同的受赠方既可以是慈善组织,也可以是直接受益人,慈善捐赠只涉及两方当事人。

(二)设立要式不同

慈善信托必须采用书面形式设立。《慈善法》第45条规定,设立慈善信托、确定受托人和监察人,应当采取书面形式。

慈善捐赠作为赠与行为的一种,可以采用书面或者口头以及其他形式进行。《慈善法》并未要求慈善捐赠必须签订书面捐赠协议,而只是规定慈善组织接受捐赠时,捐赠人要求签订书面捐赠协议的,慈善组织应当与捐赠人签订书面捐赠协议。

(三)财产的独立性不同

在慈善信托中,虽然受托人在法律上是该财产的所有权者,但信托财产独立于受托人的自有财产和受托人管理的其他财产而存在。信托财产不仅独立于受托人的财产,也独立于委托人的财产。

在慈善捐赠中,一旦财产捐赠出去后,财产所有权将完全转移给受赠人,财产将成为受赠人的固有财产。慈善捐赠财产一般无法独立于受赠人的其他捐赠财产,即便是捐赠人要求设立专项基金,在法律上,专项基金也无法实现与受赠人其他财产的风险隔离。在慈善实践中,专项基金往往同样使用机构的银行基本户接收外来捐赠。

(四)当事人权利不同

慈善信托可充分体现委托人的意愿,在法律上对于受托人的义务也有明确规定。《慈善法》第 47 条规定,慈善信托的受托人违反信托义务或者难以履行职责的,委托人拥有变更受托人的权利。委托人还可以选择设置信托监察人,对受托人管理运用慈善信托财产的情况进行监督,防止善款被滥用。

但在慈善捐赠中,捐赠人虽然可以通过书面的捐赠协议对捐赠财产的种类、数量、用途、交付时间等内容进行约定,但是在捐赠行为发生后,捐赠人对于受赠人是否按照约定使用慈善捐赠财产只拥有监督权和有限的制约手段。《慈善法》第 42 条规定:"捐赠人有权查询、复制其捐赠财产管理使用的有关资料,慈善组织应当及时主动向捐赠人反馈有关情况。慈善组织违反捐赠协议约定的用途,滥用捐赠财产的,捐赠人有权要求其改正;拒不改正的,捐赠人可以向民政部门投诉、举报或者向人民法院提起诉讼。"

因此,在善款使用方面,相比慈善捐赠,设立慈善信托可以更好地体现和实现委托人的意愿。

在实务中,已有委托人变更执行机构的案例。

（五）享受税收优惠的方式不同

在我国的政策环境下，慈善捐赠享有税收优惠。捐赠人向慈善组织捐赠时，慈善组织可向捐赠人直接开具捐赠票据，捐赠人据此即可申请税收的优惠待遇。

《慈善法》中尚未对委托人设立慈善信托享有的税收优惠进行明确规定。在实务中，大多数慈善信托还是通过先捐给慈善组织来开具捐赠票据，再设立信托来享受税收优惠。

综上，慈善信托是区别于慈善捐赠的一种开展慈善活动的手段和方式，是一种完全独立的慈善行为。相比于慈善捐赠，慈善信托在慈善资产处置上拥有诸多优势。

四、如何做好慈善信托的期限规划？

简答：

在设立慈善信托时，应根据慈善目的、资金规模、投资策略等因素，做好合理的期限规划。对于短期、中期、长期、不定期限和永续期限的慈善信托，需要注意的方面也是不同的。简单来说，对于长期或永续存在的慈善信托，在设立时需要考虑更多的因素。主要关注点在于通过选择合适的受托人、设定合理科学的运营规章制度，以相对较低的运营成本和有效的保值增值行为，让慈善本金得以持续运作。

详答：

（一）短期（1～2年）：

1. 如果金额较小，实务操作过程中机构的实际投入资源与直接回报不成正比，占用了有限的人力资源，会造成一定程度的浪费；

2. 须对项目结项时的剩余资产处置方式进行明确约定，合规高效结项。

(二)中期(3~5年):

在短期的基础上,实务中需要注意的问题有:

1. 需设立相关完善的决策机制,对变化的社会环境进行适应改变;

2. 考虑利益相关方在期间内的变化,并制定预案;

3. 对于保值增值的获利部分和亏损的预期,需要提前与委托人达成共识。

(三)长期(5年以上)、不定期限、永续:

当委托人决定使用慈善资金解决长期的社会问题或项目周期较长时,无论当下是否有合适的执行机构或最佳解决实践,都可以考虑使用慈善信托作为工具载体。关于慈善信托需要注意的点在前面章节中已经介绍过,在此着重对那些设立需要超过20年或永续期限的情况进行讨论。在进行期限规划时,可以从以下几个角度进行系统性思考:

1. 信托使命和目的;

2. 信托存续周期;

3. 信托的决策机制;

4. 信托的监察机制;

5. 信托的信息披露;

6. 本金及投资理财策略是否足以在财务上支持如此长的周期;

7. 受托人和执行人(如有)的机构尽职调查;

8. 受托人和执行人(如有)是否在长时间内可信任;

9. 受托人和执行人(如有)的执行成本是否符合预期;

10. 受托人和执行人的生命周期;

11. 如何适时进行方向变化调整;

12. 信托在什么条件下终止；

13. 近似原则和谨慎管理(善良)义务。

以下是对长期慈善信托进行期限规划时需要思考的问题：

1. 如何设定每年的最低支出金额？

在慈善组织作为单一受托人的情况下，法律是否对慈善信托每年的最低支出有所规定？

有实务工作人员认为，慈善信托资产应独立于慈善组织的固有资产独立记账，慈善信托资产应不受捐赠支出年度比例的约束。就慈善信托在财务上的处理而言，《信托法》第16条规定，信托财产与属于受托人所有的财产相区别，不得归入受托人的固有财产或者成为固有财产的一部分。

因此，信托资产作为独立财产，不应当计入慈善组织的固有资产或净资产，慈善组织的年度支付比例的规定不适用于慈善信托资产。

在采取捐赠给基金会再设立慈善信托的模式，或未来政策发生改变将慈善信托的净资产算作或参照基金会的净资产进行管理时，才需要考虑基金会受《慈善法》第60条等法律法规关于每年支出比例的限制。

2. 受托人和执行人的服务费用

在受托人的服务费用上，当信托公司作为单一受托人时，一般每年收取不高于信托财产总额0.8%的服务费用(通常称为信托报酬)，具体根据信托规模制定。信托公司将慈善信托作为品牌美誉度服务，因此服务费用相对较低。在个别案例中，有信托公司会选择0的费率。

当慈善组织作为单一受托人时，根据设立期限，短期的慈善信托一般会一次性收取3%～5%的服务费用，这也与慈善组织人力资源紧张的原因有关。作为对比，捐赠人以捐赠形式在慈善组织设立专项基金的管理费费率大概为一次性收取捐赠总额的 3% ~10% 。

慈善信托的存续周期较长时，慈善组织也会倾向于按年度收取。

当慈善组织作为执行人时，一般对执行金额收取 3% ~10% 的管理费用。在慈善组织同时担任受托人和执行人的情况下，会稍微降低执行管理费用的费率。

监察人、额外的专业顾问所产生的费用，可按 300 ~1000 元/小时估算劳务费用，亦可按年收取，具体执行以信托文件、监察协议和顾问协议等法律文件的约定为准。

例如，如果委托人决定以 20 年期限设立一支 100 万元的慈善信托，模式为每年评选并资助指定社区里的公益组织，每年资助支出为 5 万元，投资理财年度收益假设为 3% 。那么，到 20 年终止时，该慈善信托累计收支情况如下。（见表 10 -1）

表 10 -1　某 100 万元慈善信托的累计收支情况示意

科目		金额（万元）	比例（%）
收入	委托资金	100	75
	投资收益	32	25
	合计	132	100
支出	慈善支出	100	80
	受托人报酬	10	8
	执行费用	10	8
	监察人报酬	2	2
	其他	2	2
	合计	124	100
结余		8	—

3. 通货膨胀的因素

值得注意的是,财务规划中还需要考虑通货膨胀和物价水平的因素。以上案例并未考虑通货膨胀这一因素。为应对每年3% ~5%的通货膨胀的影响,委托人可每3 ~5年进行一次讨论,调整提高资助金额以应对通货膨胀,或授权受托人、执行人在0 ~5%之间定期进行调整,或与国家统计局的CPI(居民消费价格指数)的年度涨幅直接绑定。

4. 慈善信托设计为留本用息时的简单等式

当慈善信托规划为留本用息,即主要使用保值增值产生的收益进行项目支出,且时间达到50 ~100年时,通货膨胀和投资效率带来的影响将更加显著。

项目需要实现年度收支动态平衡,则:

投资收益 = 项目支出 + 执行成本 + 通胀因素

如果投资收益难以跑赢通胀且未来没有新的资金进入,则会进入持续的损耗减少的过程。

股权分红、非现金类资产变现等形式的“输血”模式,还有待更多成功的实务案例进行支持。

5. 慈善组织的重大变化和生命周期

相较于以上提及的财务“技术问题”,受托人的变化同样值得被关注。

当考虑设立一只超过10年的慈善信托,并选择慈善组织作为受托人时,委托人有必要将眼光放得更加长远,其需要对慈善组织的退出机制进行设计。当基金会受托人发生重大变化而不适合继续作为受托人时,委托人或设立的决策机构有权及时进行受托人变更。

如果慈善组织仅作为执行人,则由受托人即可推动完成执行人的变化。

因此,相比直接将资金捐赠给慈善组织,采取慈善信托作为捐赠工具更能应对因慈善组织人事关系变化带来的不确定的影响,确保慈善资金使用在慈善目标上。

6. 信托监察人的角色和功能

根据《慈善法》及《慈善信托管理办法》的规定,慈善信托的监察人非必设主体,慈善信托的委托人根据需要,可以确定监察人。监察人对受托人的行为进行监督,依法维护委托人和受益人的权益。监察人发现受托人违反信托义务或者难以履行职责的,应当向委托人报告,并有权以自己的名义向人民法院提起诉讼。

7. 聘请专业第三方进行定期评估

慈善信托可以以5~10年为周期对慈善信托目的达成情况进行整体评估,预留经费及设定工作机制,评估的结果可作为慈善信托工作方向调整的依据。通过专业的第三方参与,可确保项目的有效性、持续性等。

同样,可以以2~3年为周期对受托方和执行效率情况进行评估。

8. 如何迎接未来20年可能发生的变化

2021年2月25日,习近平总书记在全国脱贫攻坚总结表彰大会上发表重要讲话,庄严宣告:“经过全党全国各族人民共同努力,在迎来中国共产党成立一百周年的重要时刻,我国脱贫攻坚战取得了全面胜利,现行标准下9899万农村贫困人口全部脱贫,832个贫困县全部摘帽,12.8万个贫困村全部出列,区域性整体贫困得到解决,完成了消除绝对贫困的艰巨任务,创造了又一个彪炳史册的人间奇迹!这是中国人民的伟大光荣,是中国共产党的伟大光荣,是中华民族的伟大光荣!”

而未来的20年内,又会发生怎么样的变化?党的二十大报告提出:“全面建成社会主义现代化强国,总的战略安排是分两步走:从二〇二〇年到二〇三五年基本实现社会主义现代化;从二〇三五年到本世纪中叶把我国建成富强民主文明和谐美丽的社会主义现代化强国。”

那么,慈善信托如何根据社会发展情况调整具体工作方向?如何继续乘着全民慈善的社会风气推动慈善事业?如何借助数字化等新技术赋能解决社会问题?以上都是委托人在设立长期慈善信托时需要考虑的问题。

在实务中,委托人可通过授权设立决策机构、监察人等形式,群策群力对具体的资助方向进行微调。常见的导致此类变化的因素有:学校和居民社区的撤并导致受托人或受益对象的变化;其他积极的参与方加入导致慈善效果减少;政策倡导达成导致资助的效果减少等。

在慈善信托协议中,会约定当出现委托人注销或死亡情形时,监察人和决策机构的权利与义务,以确保慈善信托的顺利运作。委托人能以终止作为慈善信托“再生”的方式。委托人与受托人可提前协商设计终止时的决策、管理、监督机制。例如,指定一个委员会对财产接收对象进行筛选决策,或提前指定一系列的公益组织或慈善信托作为接收方,以避免随着时间推移导致的不确定因素。

根据《信托法》第72条的规定,“公益信托终止,没有信托财产权利归属人或者信托财产权利归属人是不特定的社会公众的,经公益事业管理机构批准,受托人应当将信托财产用于与原公益目的相近似的目的,或者将信托财产转移给具有近似目的的公益组织或者其他公益信托”。

五、不同主体如何推广慈善信托?

简答:

当前大型企业、基金会和社会公众对于慈善信托还知之甚少,慈善信托并没有得到很好的推广应用。因此,政府、企业、社会组织等主体应充分履行自我职能,加强合作与交流,积极运用各种方法对慈善信托相关内容进行宣传与普及,如政府及监管部门应完善法律法规;慈善组织要加强自身发展;信托公司需加快业务转型;媒体要注重多种形式的宣传;学术机构则可为慈善信托的推广提供智力支撑等。不同主体应立足慈善文化建设,在加强合作与交流的基础上发挥各自特长,实现资源禀赋、技术团队上的优势互补,共同推动公益信托事业的发展。

详答:

用慈善信托作为慈善工具在我国发展起步较晚,社会公众对慈善信托的认识并不全面,甚至存在误解,慈善信托的发展受到一定限制。因此,各社会主体应各司其职,加大宣传力度,提升社会认知程度,使慈善信托深入人心。

(一)政府及监管部门

普及慈善信托,促进慈善事业发展,政府和监管部门可以从以下几点着手:

首先,完善相关法律法规,出台配套制度。一方面是要通过法律来规范慈善信托的发展,让其有法可依;另一方面要完善慈善信托财产等级管理制度以及慈善信托税收优惠政策等,这对慈善信托的可持续发展至关重要。

其次,成立政府监管机构,完善监管机制和信息披露标准。对慈善信托要求统一行业标准,树立良好形象,并进一步调整运作模式、涉及的领域和期限,完善产品结构。

再次,慈善信息要对公众及时共享,信息公开只有真实、完整、透明,才有利于增强慈善信托的社会公信力。

最后,加强宣传和教育活动,普及相关理论知识。应以政府和监管部门为宣传主体,推广慈善信托优秀案例,提升社会公众对慈善信托的认知度,加快推进慈善信托业务发展。

(二)慈善组织

慈善组织可从以下五个方面促进慈善信托的普及与发展。

第一,加快自身发展,丰富组织形式。根据《慈善法》的规定,慈善组织可以采取基金会、社会团体、社会服务机构等组织形式。慈善组织只有大力发展自身,提高专业水平,才能满足经济社会发展对慈善组织的需求,推进公益事业和慈善事业的健康发展。

第二,与信托公司合作,完善双受托机制。根据《慈善法》的规定,慈善信托的受托人,可以由委托人确定其信赖的慈善组织或者信托公司担任。从实践中来看,由慈善组织和信托公司共同担任双受托人,更能保障慈善信托的公益性和专业性。

第三,依法履行信息公开义务,自觉接受公众监督。应当把慈善信托装进“透明口袋”,加强慈善信托的自律和信息公开,让慈善信托接受全社会的监督。

第四,在公益项目执行过程中,可以通过品牌传播规范,全方位强调慈善信托对公益项目的支持参与,让公众感知到慈善信托的品牌。

第五,研发适应社会需要的慈善信托项目。应通过研究和与专业机构合作试行可推广的慈善信托典型项目,积极开发潜在委托人。

（三）信托公司

目前仍有信托公司并未开展慈善信托业务或设立的慈善信托单数较少且没有将慈善信托业务作为业务转型方向之一，主要原因在于信托公司对慈善信托的商业价值缺乏认同，信托公司本身对慈善信托业务投入不够。

因此，作为信托公司，首先，需要在行业内部加强对慈善信托的普及力度，弘扬信托文化。其次，展开对社会公众的普及工作。信托公司可以聘请专业人员对慈善信托、慈善信托的优势等基础知识进行宣传讲解，加大培训力度，让公众进一步了解慈善信托。再次，在宣传交流方面，信托公司还需要加大力度，进一步扩大“朋友圈”。应加强慈善信托项目交流与分析，与执行组织建立广泛联系。同时，应加强知识学习，提升连接、辨识、评判、挑选执行组织的专业能力。最后，诚信经营，塑造企业良好形象。信托公司应当积极利用信托的制度优势服务实体经济的发展，树立公众对信托公司的良好印象。

（四）媒体部门

在慈善信托的宣传中要充分发挥大众传媒的作用。

一是积极与政府部门、慈善组织、信托公司等进行合作，通过大众传媒工具普及慈善信托相关知识，在表现形式上也要不断推陈出新，熟练运用新媒体等工具。二是重视新媒体的双向互动功能。重视与大众的互动，传播正能量，消除公众对慈善信托的误解，重视舆论环境，实现双向推动宣传。及时将公众对信托的建议与意见，通过多种形式与其他主体进行共享和讨论。三是对典型案例集中报道和宣传。通过典型案例能够使公众更加直接、全面、深入地了解慈善信托，共同助力慈善事业发展。

（五）学术机构

学术机构应为慈善信托的普及与发展提供理论支撑和专业指导。

一是积极开展学术研究，厘清慈善信托发展脉络及相关理论知识，为慈善信托专业化发展提供理论依据。二是要加强慈善组织、信托公司、研究智库之间的紧密合作，形成系列政策咨询报告，供政府决策参考咨询。三是加强宣传工作。如通过出版年度发展报告、公众号刊文以及召开座谈会、研讨会等方式，让更多的人了解慈善信托，扩大慈善信托的社会影响力。四是可以与其他组织密切合作。如成立慈善信托的推广示范基地，进一步促进慈善信托的应用与普及，为社会力量参与慈善事业提供更畅通的途径。

（六）受益人群体

作为慈善信托的受益人群体，个人首先应当主动了解慈善信托相关法律法规并学习理论知识，从而摆脱对慈善信托的误解，同时应通过法律武器维护自身合法权益，积极参与慈善信托，为慈善事业助力。

对他人可以口口相传，将慈善信托的公益性、有益性传达给身边更多人，吸引更多的人了解并参与慈善信托，投身慈善事业。

（七）其他社会主体

除上述社会主体外，还有许多主体可以通过发挥自我职能与优势，帮助推广和发展慈善信托，助力慈善事业发展。如社区可以以社区为单位开展学习慈善信托知识的相关会议，社区内也可通过喇叭、广播、张贴慈善信托的相关海报等多种方式，让社区人民潜移默化地了解慈善信托相关内容；学校可以开展主题教育活动、主题班会等，向学生和家长普及慈善信托的相关知识，呼吁更多的人加入慈善事业；网络社群则可以发挥普及范围广、传播速度快的优势，通过各大网络平台，利用文字、视频等多种方式让更多的人了解慈善信托，但需要注意的是网络信息良莠不齐,必须加强网络监管,净化网络环境,辨别虚假错误及不良信息。

综上所述,政府、慈善组织等各社会主体都可充分发挥自我职能,利用自我优势,通过各种方式积极普及慈善信托,公众也可以多种形式参与其中,共同助力慈善事业发展。

六、慈善组织与信托公司如何加强合作发展?

简答:

在《慈善法》实施初期,慈善业界普遍对慈善信托抱有较高期望,慈善信托的内涵、作用等在《慈善法》中有专门的条文说明。但实际的情况是,在《慈善法》颁布实施以来,慈善信托并没有如业界所预期的那样蓬勃发展。造成这种局面的原因很多,但有一个不容忽视的问题就是慈善组织与信托公司在慈善信托方面并未形成一个良好的合作局面。

双方合作有待深化的地方在于:通过慈善信托实践,慈善组织与信托公司可通过多种方式加强合作以提高社会整体对慈善信托的认知,形成推动力量。双方可以共同培育发展慈善信托委托人群体,研发适应社会需要的优良慈善信托项目,广泛宣传慈善信托特点及适用领域。

详答:

(一)慈善信托可有效回应慈善组织长期面临的痛点

《慈善法》颁布实施时,我国现代慈善通过20余年的发展已取得了令人瞩目的成绩,但与社会要求、群众期盼、发达国家慈善状况相比,差距也很明显。慈善方式还主要是对危困群众的物资捐助,社会服务、调节分配、助力社会保障、参与社会治理等功能的发挥刚刚起步;慈善活动中面临的部分实际问题需有解决方式,如捐赠的房产、股权债权、艺术品等不能直接用于捐助,慈善资产、长期项目资金无适用管理办法等;慈善组织也正在多方向探寻可持续发展的思路和管理方法;亟须慈善新途径、新方式的加入。

慈善信托作为慈善的新方式,给慈善增加了金融领域同盟军,慈善信托的特点恰好适应了慈善面临问题的解决要求,并将带来对高收入群体、家族财产等慈善新资源、新领域的开发,因此慈善业界普遍对慈善信托实施后的快速发展抱有很高的期待。

(二)缺乏推动合力是慈善信托发展缓慢的主要障碍

"信托"作为一种理财方式和金融制度,在我国实践历史较短,与之接触的人群为小众,"慈善信托"更是在《慈善法》颁布后才逐渐被社会所知晓,要实现社会各方面积极参与慈善信托,需经一个较长的发展过程,方可达到广泛社会认知。在这个阶段,需要有强劲力量推动才能使其顺利发展,而慈善信托发展推动力量不足却是目前的现实情况。

受托人是慈善信托的主要参与者和责任人,根据《慈善法》的规定,可由慈善组织或信托公司担任。但在《慈善法》实施以来设立的慈善信托中,慈善组织担任受托人的单数甚少,大多是由信托公司担任受托人。同时,慈善组织作为委托人及执行人的慈善信托项目也是有限的,其往往只是承担了开具捐赠票据的合法通道功能。可以说,近年来慈善信托的发展,主要是在银保监系统倡导下由信托公司进行推动,慈善组织实际参与慈善信托的积极性和实际比例都很低。

客观上,慈善组织处于发展初期,专业力量欠缺且对慈善信托研究不够;慈善活动以募集救助为主,资产及服务项目均较少,对慈善信

托方式需求少,信托优势难以发挥。主观上,慈善组织认为慈善信托专业性太强,参与难度大,具体认识上主要存在:

1. 认为慈善信托手续即双报备要求复杂;信托协议繁复,决策委员会程序严谨等,不如慈善捐赠简便易行。

2. 对哪类项目更适合适用慈善信托缺乏认识。

3. 对慈善信托设立运作程序、优势所在不甚了解,在募集项目推介时说不清楚,委托人会有疑虑。

4. 慈善组织前期的重点任务是助力脱贫攻坚,募集的资金物资很快就捐助出去,客观上捐赠方式更为简洁有效。

因而慈善组织与信托公司在合作中缺乏深度合作的意愿和共同拓展的动力,合作关系仅停留在程序性工作的配合上。

(三)双方有优势合力推进慈善信托发展

慈善信托的生命力在于受托人的责任和能力。作为《慈善法》规制的受托人,慈善组织、信托公司负有推进慈善信托发展的责任和使命。慈善信托是以信托方式进行的慈善活动,本质上应实现慈善公益目的。受托人的职责是根据委托人的公益意愿,选择合适的慈善方式,设计最佳的慈善信托方案,以实现委托人的慈善信托目的。要达到这个目标,受托人不仅要有高度责任心,还应同时具备对慈善活动及信托事务较高的选别设计实施能力,才能承担委托人的信任托付。按实际状况,慈善组织和信托公司都难以单独完成这个使命,通过有效合作,发挥各自优势,联手推进慈善信托发展,是慈善组织和信托公司的共有责任。

同时,慈善组织与信托公司就慈善信托可以实现优势互补。慈善组织的优势是对劝募工作比较熟悉,其通过多年发展已培育了部分经常性捐赠人;对社会需要的慈善项目比较了解,项目实施经验较多;枢纽型慈善组织拥有组织系统优势,具有实施规模性慈善项目的能力。因此,慈善组织适宜通过慈善信托基金筹募担任慈善信托的委托人,以及部分项目的执行人。信托公司是资金管理和保值增值的专业机构,对慈善信托设立、管理流程熟悉;了解相应法规,工作规范严谨;对长期项目、资产项目管理精细,对家族财产传承管理理解清晰;适宜于担任受托人。

由于双方优弱势的天然互补性,慈善组织与信托公司应加强合作、相互配合,发挥各自优势,共同推进慈善信托发展。

(四)双方合作重点方向

1. 培育发展慈善信托委托人群体

慈善信托的发展在于委托人和委托财产的持续性增长。

传统慈善的基本功能是募集捐助,募集是慈善的基础,因此慈善组织极为重视并采取多种措施开展募集活动。包括建立稳定的募集渠道;细分募集资源类型,对不同捐赠者采取针对性劝募方式,通过宣传、表彰、互动等各种方式培育爱心企业及爱心人士群体,以保证募集效果。同理慈善信托委托人的选择、培育、开发也是慈善信托的重要基础,应是推动慈善信托发展的首要工作。

慈善是以善爱之心为道德基础,以贫富差距存在为社会基础,以捐献者意愿为实施基础,以社会成员普及参与为发展基础的活动。是基于现阶段收入差距较大现实和社会公平发展要求,对社会财富进行第三次分配的机制。因此,在慈善信托委托人选择方向上应重点鼓励引导高收入群体和企业家向上向善、关爱社会,参与公益慈善事业,且考虑在大众中的普及;在开发方式上应进行群体细分并采取相应的培育动员策略。

因慈善信托区别于慈善捐赠的特殊优势,少量特定委托人会主动了解慈善信托并参与,但多数社会大众在捐献中,无法区别捐赠和信托哪种方式更能实现自己献爱心的意愿。因此,慈善信托应在社会面已初步形成的募集捐献基础上,在更广阔的范围内进行选别发展,既重视重点委托人培育,也可采取设立慈善信托基金的方式,为一般捐赠人以及数量巨大的网络慈善捐赠者提供参与慈善信托的服务。应提出能激发捐赠人捐赠意愿的项目设计、实施方案,并及时反馈社会评价信息,开展委托人与受益人互动等活动,激励爱心捐助行为的持续性。并为防止信托基金筹集不确定而影响项目实施,可在信托基金筹募中对项目内容适当放宽,从而在实施有影响力的优势项目时,可将同类及相近资源组合起来联合实施。

借用较为成熟的慈善募集方法有计划地培育发展委托人群体,并将适应于慈善信托方式运作的项目转为慈善信托项目,可有效促进委托人群体及委托财产的较快增长和发展。

2. 研发适应社会需要的优良慈善信托项目

慈善捐赠人的捐赠动机来源于善意爱心,也源于对慈善项目的认知、接受和意愿。捐赠者的爱心目标是慈善项目及受益人,不是对慈善组织、信托公司的捐赠,因此在慈善信托发展中,慈善公益项目的选择设计极为重要。

慈善项目选择设计原则是:社会发展需要、社会热点需求,受益群体公认,受助效果明晰,便于复制推广,易产生正面社会影响力。因慈善信托项目的特点还应考虑:适宜以信托管理方式开展,便于发挥慈善信托优势,实施周期较长等要求。在慈善信托项目选择设计中不能要求同时体现所有要点,但应充分发挥慈善组织、信托公司各自优势,利用慈善信托决策委员会协商机制作用,多方案比较、充分讨论,根据具体环境条件,尽可能地体现要点,保证项目质量。具体项目的设计需通过调研、选择、论证、充实等一系列步骤初步确定，试行后再通过评估、调整提高使之定型。

慈善组织实施慈善项目较多，但对哪类项目适宜于慈善信托认识经验不够，需要慈善组织与信托公司联合进行研究开发，并在实践中反复试行探索，使之逐步成熟并品牌化。

3. 广泛宣传慈善信托特点及适用领域

在社会层面对慈善信托了解甚少的情况下，应对慈善信托特点、优势、适用财产类别等基本概念形成规范，在慈善组织、信托公司、公益学术机构达成共识的基础上，向社会相关面广为宣传。在慈善组织、信托公司合作推进慈善发展实践中，按照捐献人意愿和慈善财产类别，合理引导捐献人使用捐赠或信托方式，提供良好服务，促使社会各界进一步了解、信任、积极参与慈善。

（五）合作方式和路径

慈善组织与信托公司在相互了解的基础上，以推进慈善信托发展为目标，相互选择，逐步形成基本固定的合作伙伴关系。两者订立长期合作计划，明确合作重点和实施步骤，定期进行工作交流，共同研究慈善信托项目的实施和发展问题。

联合开展培育动员慈善信托委托人工作。针对潜在委托人群体，应调研了解其参与慈善信托的意愿，制订信托基金募集方案，提供针对性服务，逐步培育出基本稳定的委托人群体，共同完善对委托人的服务。

共同研究开发适用慈善信托的慈善项目。对初步认识中的非资金性财产慈善项目、资产收益类及分期实施的慈善项目等适宜于慈善信托管理的项目类别，应通过研究将其具体化。应合作设计试行可推广的慈善信托典型项目，从选任委托人开始，在项目选型、项目计划、项目实施、项目宣传、项目互动等开发推广的全过程中合作推进，取得经验，形成慈善信托项目库，以优质项目良好的社会评价和社会影响推动慈善信托发展。

合作研究制订信托公司、慈善组织业务管理中规范适用的慈善信托管理办法，在促进管理流程简明的同时，加强双方工作的沟通、配合、衔接，提高合作工作效率。

合作编制规范简明适用的慈善信托宣传资料，通过多种宣传活动，提高全社会对慈善信托的认知，逐步形成慈善信托发展的社会基础。

党的二十大报告指明了中国式现代化是全体人民共同富裕的现代化，为慈善事业创造出重大机遇和发展空间，新时代慈善事业也应当融入中国式现代化进程、在促进共同富裕方面发挥应有作用。慈善组织与信托公司的共同责任是通过有效合作聚集力量，推动慈善信托较快发展。

案例:国内外的慈善信托案例

导语:本书辑录多个国内外的慈善信托案例,共分为三大类:一是扶贫济困、乡村振兴等传统公益慈善领域,推动解决社会公平问题;二是社会服务等现代化建设领域,推动社会创新进步;三是与家族精神传承结合的慈善信托。三大类别下的案例选取各有特色,能充分体现慈善信托的特点,希望能展示启发慈善信托在未来发展的无限可能。

一、扶贫济困、乡村振兴等传统公益慈善领域

从我国早期在慈善中国网站备案的慈善信托的慈善目的和受益人范围看,慈善信托主要用于扶贫项目、教育、环保、科技、非物质文化遗产等领域,以扶贫济困的项目居多。随着我国脱贫攻坚战取得了全面胜利,乡村振兴项目成为传统公益慈善领域的新热点。

案例1:大爱长安·陕西银行业普惠金融扶贫慈善信托精准扶贫“三农”

推荐语:长安信托结合金融企业业务特色,灵活运用信托机制,充分发挥慈善信托社会功能,创新了信托精准扶贫模式,对进一步推动陕西金融精准扶贫工作的展开提供了有益的经验。

2015年,在原中国银监会陕西监管局的大力支持下,陕西省银行业协会牵头发起,陕西省内30余家银行业金融机构参与,最终募集近500万元,由陕西省慈善协会作为委托人,委托长安信托设立“大爱长安·陕西银行业普惠金融扶贫慈善信托”。信托期限为10年,旨在利用信托制度优势和受托人专业化的管理手段,探索“精准扶贫”的思路与途径,在实现信托资金保值增值的同时,更好地帮扶贫困地区,惠及“三农”发展。截至2022年10月底,共有信托财产6,474,285.59元。

长安信托运用信托独有的制度优势,“撬动”银行、保险等机构的扶贫资金,通过承担农户小额贷款风险损失补偿金的形式,改善涉农贷款的“不良”风险造成的贷款难问题。

该慈善信托与延安地区的农信社、村镇银行合作,向那些有意愿、有能力以劳动致富但缺乏原始生产资料的农户发放贷款,贷款产生的坏账由该慈善信托资金与合作机构各承担50%,从而降低授信门槛,扩大授信客户范围,为贫困农户提供生产经营所需的资金。

截至2022年,通过风险损失补偿金项目,累计撬动贷款2.25亿元,使2424户农户受益。有力地促进了当地的脱贫攻坚事业。

案例2:中航信托·中国扶贫慈善信托对接精准扶贫

推荐语:该项目实现了家族财富传承和慈善事业的有机结合,提升了慈善信托和家族公益的快速融通。此单慈善信托率先采用研发部门牵头,家族财富管理团队运作的开发模式,实现研发成果转化,保证了架构设计的前瞻性和科学性,实现了家族财富传承和慈善事业的有机结合,提升了慈善信托和家族公益的快速融通。

2017年3月,江西省老区建设促进会担任慈善信托委托人,中航信托与中国扶贫基金会担任共同受托人,将慈善信托财产集中用于中国慈善扶贫项目。这是国内首单以扶贫为主要关注领域、以信托公司和慈善基金会作为共同受托人模式的慈善信托。是响应党中央精准扶贫的号召,打好脱贫攻坚战,深入开展扶贫工作的理念创新、模式创新和机制创新的榜样。

“通过整合信托各方优势资源,在信托方案设计中嵌入扶贫资源检索、慈善目的匹配、专业评估反馈等外部数据管理模块,以期构建扶贫慈善信托生态体系,满足各方不同的慈善意愿和要求,匹配各方扶贫资源。”中航信托研发部负责人袁田介绍,此单扶贫慈善信托采用平台化运作,针对不同群体特征,筹划创新开展光伏扶贫、教育扶贫、生态扶贫等多种方式,通过多方位、长周期扶贫项目实施,协助扶贫对象完成“从输血到造血”的转变,广泛拓展受益人群体范围。

案例3:五矿信托—三江源慈善信托

推荐语:五矿信托通过慈善信托,为生态保护建设提供长期的支持,打造“三江源”品牌。

保护三江源、开发三江源,是一个紧迫而切实的课题。“五矿信托—三江源思源1号慈善信托”于2017年12月在青海省民政厅备案,信托存续期为10年,信托规模不设上限,采用分期方式发行,首期规模为50万元,信托资金将全部用于资助三江源国家生态保护综合试验区内的资源与生态保护项目、宣传项目及科研项目。这是国内首单投向三江源地区的慈善信托。据2022年相关资料显示,该慈善信托已捐助数百万元支持三江源地区生态保护建设,并于2018年,在国内首次以直播形式宣传珍稀保护动物的慈善项目——“直播斑头雁”。

三江源位于青海南部,是长江、黄河、澜沧江的源头,素有“中华水塔”之誉,五矿信托作为注册地在青海的信托公司,发行三江源慈善信托,意味着其不忘初心、情系家国。未来,三江源慈善信托将继续行在高原、志在星空,向社会讲好青海故事、中国故事。五矿信托将拟发行的慈善信托产品命名为“三江源”系列,推动了长江黄河源区科考、三江源区生态村建设、贵南县生物多样性保护研究基地建设等,为“中华水塔”的科学保护提供了宝贵的一手资料。

案例4:万向信托—善水基金1号

推荐语:该信托形成水源保护共治和多元化的资金模式,为附近其他面临类似问题的乡村水源地提供治理和可持续资金管理经验。

2015年,万向信托推出全国首个水基金信托,即万向信托—善水基金1号,其定向资助的首个水源地保护与治理公益项目——龙坞水源地保护项目正式落地。经过多年治理,龙坞水源地的保护已初见成效。短短3年,龙坞水源地的水质就提升成为国家一类水源。

万向信托总裁王永刚认为,青山村的实践为信托机构践行"两山"理论提供了现实路径,水基金信托的受益者付费机制和生态价值变现机制将信托机制创新与金融服务经验相结合,为"绿水青山"提供更加完善的金融运作和法律保障机制,盘活生态资产,提高金融服务水平,使"绿水青山"的生态效益转化为"金山银山"的经济效益。

二、社会服务等现代化建设领域

随着社会发展和人们多元化慈善偏好的产生,许多委托人将受益的目标和对象,从传统的扶贫济困,转向现代化建设、社会服务、社会治理、环境保护等领域,关注点兼顾社会公平与社会进步的需求,丰富了慈善信托的实践案例。

案例5:美国比尔及梅琳达盖茨基金会信托

推荐语:该基金会为了长期地从事慈善活动和科学管理,适时将基金会设立为信托和基金会双主体机构,将资产管理与项目运营独立分开,使慈善活动能长久持续地开展下去。

比尔·盖茨与梅琳达·盖茨于2000年建立了比尔及梅琳达盖茨

基金会。为了将资产管理与施赠项目管理有效分离,比尔及梅琳达盖茨基金会于 2006 年 10 月设立了两个实体的结构,分别是比尔及梅琳达盖茨基金会(以下简称基金会)、比尔及梅琳达盖茨基金会信托(以下简称信托),前者以基金会名义开展全球运营工作,后者对信托资产进行管理以支持基金会的工作,以及对受捐善款进行运作(其中含有沃伦 · 巴菲特捐赠的股票)。基金会和信托都是以慈善信托为注册实体,并在税务上登记为享有免税待遇的私人基金会。作为补充,2016 年成立的盖茨慈善伙伴(GPP)则在税务上登记为享有免税待遇的公共慈善组织,以接收支持基金会相关工作的外来捐赠资金。

信托运作模式主要是由专业投资经理人迈克尔 · 拉尔森带领的团队依据盖茨夫妇的投资意向,进行具体的投资操作。信托的资产,将持续支持基金会从事公益慈善活动。基金会和信托拥有两位共同的理事——比尔 · 盖茨和梅琳达 · 盖茨,同时为规避关联交易之嫌,两人将资产管理与捐赠项目管理相分离,互不隶属,但又职责明晰,协作紧密,以协同达成慈善目的。信托运作机制为:通过科学投资来获得大额收益,以其中的局部资产从事慈善活动,其余资金继续用于投资,以"投资"的眼光做慈善,推进慈善事业可持续发展。

比尔及梅琳达盖茨基金会致力于缩小不同国家在卫生保健方面的差距,特别是对重大疾病如艾滋病、肺结核以及生育保健和儿童保健等活动,其既提供防治这些重大疾病或保健的技术,又提供医疗保健资金;帮助家庭境况不好的学生,如本国少数族裔的学生或发展中国家的学生,使其得到应有的教育;给美国本地一些资金不足的社区图书馆和发展中国家的图书馆提供电脑、图书等,使本国和发展中国家的人能够利用图书、电脑获取更多的知识;给美国西北部欠发达地区的建设提供资金,改善当地居民的生活水平。

案例6:袁隆平慈善信托

推荐语:“袁隆平慈善信托”的成立具有较强的示范和带动意义。对于该慈善信托受托人财信信托而言,则是推动其实现转型、促进动能转换的重要事件。

2022年5月20日,“袁隆平慈善信托”成立仪式在长沙举行。该慈善信托以袁隆平院士的夫人邓哲女士为初始信托委托人,由财信信托担任受托人,以湖南省袁隆平农业科技奖励基金会(以下简称袁隆平基金会)为执行人,由农业银行作为托管行和财务顾问,这是湖南省首单科技公益信托项目。

该慈善信托的初始规模为500万元,慈善资金及投资收益将全部用于奖励现代农业科技及生产发展领域中作出突出贡献的个人和团体,参与农业发展项目及服务于农业领域的科研创新、科技成果转化,资助农业发展领域优秀科技人才的国内外进修,资助优秀中青年农业科技工作者主持的农业科研项目,设立农业高校优秀学生奖学金等慈善公益活动。

案例7:鲁冠球“三农”扶志基金慈善信托

推荐语:我国首个资产规模超过百亿的慈善信托。鲁冠球“三农”扶志基金慈善信托以公司股权作为信托财产,以企业经营为持续来源、社会公益为终极目标,形成“利他共生,共创共享”的新型模式。其在财产规模、财产类型上实现突破创新,是慈善信托的经典案例,对我国慈善信托发展起到积极的引导和示范作用。

2018年6月,鲁伟鼎先生以其持有的万向“三农”集团有限公司100%的股权设立了“鲁冠球‘三农’扶志基金慈善信托”,信托期限是永续。该慈善信托是我国资产规模最大的永久存续的股权慈善信托。据鲁冠球“三农”扶志基金官网的消息,经资产评估,以2020年6月末为基准日,鲁冠球“三农”扶志基金慈善信托全部资产价值达141.79亿元。

2018年6月,为纪念万向“三农”集团有限公司创始人、董事局主席鲁冠球,鲁伟鼎设立了鲁冠球“三农”扶志基金慈善信托。慈善信托初始财产是万向“三农”集团有限公司的全部股权,由鲁伟鼎无偿授予给慈善信托。慈善信托的财产和收益全部用于“让农村发展、让农业现代化、让农民富裕”的公益慈善目的。

2018年6月27日,鲁伟鼎在签署慈善信托文件时说:鲁冠球三农扶志基金当然有纪念鲁冠球的考虑。但我们要纪念的,更多的是以鲁冠球为代表的万向创业人;以鲁冠球为代表的,在改革开放中创造财富并使用到对社会有意义事情上的创业人。

“让农村发展、让农业现代化、让农民富裕,以影响力投资、以奋斗者为本、量力而行做实事”是鲁冠球三农扶志基金的宗旨。该基金持续开展扶助孤儿成长、特困生读书、残疾儿童生活、孤寡老人养老的“四个一万工程”,已经覆盖全国21个省222个县(区),助力72个国家级贫困县脱帽;支持“十万人留学中国计划”;支持浙江农业技术推广,奖励优秀农技工作者;扶助萧山生活困难群众;资助宁围街道中小学助教助学;扶持经济落后村镇发展。成立两年来,基金已经累计对外资助4640.90万元。

“产业扶志,以经营的思维做慈善”是鲁冠球三农扶志基金的运作理念。鲁冠球三农扶志基金通过影响力投资,带动就业增加、农民增收、环境改善。

万向“三农”集团有限公司创立于2000年,业务涵盖食品饮料、远洋渔业、种业、林业、矿业，是中国服务业企业500强之一。万向“三农”集团有限公司作为鲁冠球三农扶志基金的全资子公司，围绕“三农”展开产业板块，在北京市、甘肃省、辽宁省、吉林省、黑龙江省开展玉米种业研发；在河北省开展野生杏仁加工；在浙江省杭州市建设山核桃种植生产基地；远洋渔业跨越五大洲、四大洋，在世界范围内开展捕捞和加工业务，为“渔民要吃饭，人们要吃鱼”探索路子。

万向“三农”集团有限公司持股上市公司承德露露、万向德农和航民股份；控股新疆硝石钾肥有限公司、浙江大洋世家股份有限公司、杭州品向位食品有限公司、洛阳氟钾科技股份公司等；参股浙江网商银行股份有限公司、万向财务有限公司、杭州万事利丝绸文化股份有限公司等多家企业，为鲁冠球三农扶志基金持续创造价值，为社会公益和乡村振兴提供持续动力。

利他共生，共创共享。鲁冠球三农扶志基金基于慈善信托制度，实行基金董事会决策、受托人管理、信托监察人监督的治理机制，保障万向“三农”集团有限公司及各子公司治理清晰、战略稳定、持续经营。

鲁冠球三农扶志基金开创产业发展和慈善捐助联动、“基金做慈善、经营做支撑”的全新模式。万向“三农”集团有限公司是产业投资、慈善捐助和基金的贯通枢纽和支撑力量。万向“三农”集团有限公司的持续发展，持续拓展鲁冠球三农扶志基金产业投资和慈善事业的边界。

案例8：香港赛马会慈善信托基金

推荐语：香港赛马会慈善信托基金以独特的形式参与支持我国香港特别行政区社区发展。

香港赛马会早于1915年或以前开始捐助社会公益。至1950年,我国香港特别行政区面对战后重建、大量移民涌入等棘手问题,促使马会将慈善业务纳入业务范围。1955年,马会正式决定将每年盈余拨捐慈善及公益项目。1959年,马会设立香港赛马会(慈善)有限公司,专责管理捐款事务。1993年,成立香港赛马会慈善信托接管马会的捐款事宜。香港赛马会慈善信托基金已是全球十大慈善捐助机构之一。

过去10年,香港赛马会慈善信托基金每年捐款数额平均为45亿港元,惠及社会各阶层。2021~2022年,马会已审批的捐款总额为66亿港元,共资助292个慈善及社区项目。

香港赛马会慈善信托基金之所以可以大额捐款资助社区项目,是因为马会独特的营运模式,并结合赛马及马场娱乐、会员会所、有节制体育博彩及奖券,以及慈善与社区贡献。马会每年将约90%的税后经营盈余拨捐慈善信托基金,多年来在社区发展中担当重要角色。

香港赛马会慈善信托基金致力于与政府、非营利组织及社区机构携手以改善港人生活素质。此外,基金主动适时开展项目,回应社会长远发展所需。

香港赛马会慈善信托基金对民生及社会的贡献全面,主要覆盖与社区相关的十个范畴:青年、老年人、体育、文艺、教育、医疗、康复、家庭、环保、扶贫。同时,也形成四大策略回应社会问题。

案例9:长安慈·"长安心"防灾减灾救灾慈善信托

推荐语:拥抱"人民性",带动"创新性"。该信托汇聚人民的力量,帮助历经灾难的或是处于高风险环境中的弱势群体。其伸出的援手必将减少更多伤害,避免更多损失,拯救更多生命。

2021年夏，全国多地遭遇极端灾害天气，特别是河南省遭遇极端强降雨，多地受灾严重。危难时刻伸援手，举国上下关注多，当时，不少有捐赠意愿的信托公司财富客户、企业合作伙伴和公司员工提议以慈善信托的形式支持灾害救援。

然而，考虑慈善信托的设立流程通常需要大约1个月的时间，为避免“刻舟求剑”的解决方案，项目发起人与捐赠人沟通后，将这单原本关注救灾的慈善信托项目延展为“防灾减灾救灾”主旨的慈善信托。该慈善信托除了支持灾后重建，更要通过项目实施提升公众的防灾减灾意识，提高社会的应急灾难救援能力。

慈善信托无须“高大上”应回归“人民性”。长安慈·“长安心”防灾减灾救灾慈善信托成立于2021年8月，项目负责人经过1个月的走访调研，于2021年9月30日，召开了慈善信托决策委员会第一次会议。当天，会议开放给首批所有捐赠人。捐赠人可通过网络会议软件连线接入，列席旁听会议。这是国内首次将慈善信托的决策过程向全体捐赠人开放。

根据慈善信托税收优惠尚不健全的情况，捐赠人通过将财产捐赠给慈善组织的形式，获取捐赠票据以享受税收优惠，之后慈善组织作为委托人设立慈善信托，这种模式使“真正的委托人”变成了捐赠人，而“捐赠通道”——慈善组织成为委托人。为解决真正的委托人无法享有慈善信托委托人的权利，最小化真实委托人的权利损失等问题，长安慈·“长安心”防灾减灾救灾慈善信托决策委员会将信托决策过程开放给信托的“真正的委托人”，首先在会上对该慈善信托的设立目的、战略方向、执行管理、公益项目筛选流程等内容进行充分讲解，然后展开深入细致的讨论，审议并通过了公益项目执行方提报的《灾区儿童心理援助项目执行方案》、《“长安心”防灾减灾小课堂项目执行方案》和《童心向阳灾后儿童支持项目执行方案》。

通过让慈善信托捐赠人直观地了解慈善信托项下的公益项目的管理和善款资金的使用决策流程,充分体现了慈善信托公开透明、科学决策的制度优势。它提升了信托当事人及其他参与者的权益,提高了慈善信托公信力、回归了"人民性"和以人民为中心的发展思想,践行了公益慈善的初心与使命。

资源撬动,"100 元"变"190 元"的创新探索。慈善信托成立后,在受托人的多方动员和努力争取下,捐赠人的 300 余笔累计 4 万元的善款又撬动了 3.55 万元的外部公益资金,合力支持了总预算为 7.55 万元的公益项目。也就是说,慈善信托的每 100 元资金,最终都变成了 190 元善款,用于陕西铜川和商洛地区的防灾减灾救灾项目。

案例 10:和园文化保育慈善信托

推荐语:作为和的慈善基金会体系的一部分,该慈善信托聚焦传统文化,将持续支持和园的运作。

据证券时报报道,2018 年 4 月 27 日,由华润信托担任受托人的"和园文化保育慈善信托"在深圳市民政局完成备案。

"和园文化保育慈善信托"规模为 3000 万元,系和的慈善基金会联合北滘慈善会共同作为委托人而设立的,信托财产及收益永续分配给慈善项目管理人即和园文化发展中心,保障和园实现长久传承,支持岭南传统文化的传承、再造和发扬。

和园于 4 月 27 日在岭南水乡顺德北滘新城区正式开园,该园是由和的慈善基金会荣誉主席、美的集团创始人何享健捐赠 3 亿元兴建的岭南古典园林,历经 5 年项目筹备和工程建设,作为和的慈善基金会向岭南传统文化致敬的当代园林,和园致力于成为展示岭南园林艺术、传承广府优秀文化的旅游景区与园林博物馆。

截至2020年12月底,本信托财产余额为34,909,506.54元。根据信托合同约定,该信托前三年进行封闭投资管理,不进行信托财产分配,故在其2018~2020年年度报告期间该信托未分配信托利益。

三、与家族精神传承结合的慈善信托

对于家族精神传承而言,慈善信托是一种慈善财产的管理方式,也是慈善路径。在传承家族财富的同时,应更注重家族精神的代际传承,通过延续家族的价值观来增强家族的凝聚力,这是远见卓识的高净值人士选择设立慈善信托最核心的诉求。

案例11:英国贝希特家族慈善信托

推荐语:这是英国慈善信托的典型案例。在运作中,该家族还通过影响力投资推动慈善目标实现。

英国贝希特家族慈善信托成立于2006年1月,其设立目的是将信托财产及收益用于委托人意愿决定的任何地方的慈善项目中。该慈善信托主要支持教育事业、自然环境的保护和恢复、人道主义援助等。受托人聘请代理人帮助他们筛选最合适的项目,并只回复成功的申请,从而最大限度地降低管理费用。由于希望保持足够的储备金以保证所得收益率,受托人对基金的投资具有完全的自主权。此外,通过受托人会议、代理人咨询等,受托人对主要的投资策略、商业运营风险等进行监控,并配套制定了相应的管理政策应用于内部控制以监测风险。截至2016年年底,英国贝希特家族慈善信托净资产超过2.3亿英镑,其中非流动性资产组合超过2.2亿英镑,包括利洁时集团股权、UBS 投资组合、富达投资组合等(以上均为市值)。

案例 12:巴塔哥尼亚(Patagonia)信托基金

推荐语:虽然这并不是一例传统意义上的慈善信托,但从其设立理念、过程和实现目的来看,其与慈善信托是基本一致的。该模式得以落地,得益于该公司有无投票权股份的设定。

2022 年 9 月 14 日,世界知名户外品牌巴塔哥尼亚(Patagonia)的创始人伊冯 · 乔伊纳德(Yvon Chouinard)通过品牌官网发表声明,他和家人决定放弃这家有着 49 年历史的公司的所有权(市值 30 亿美元),将其转让给信托基金和非营利组织,并将公司每年的全部利润(约 1 亿美元)用于应对气候变化危机,以实现将公司“捐赠”给“地球”的慈善目的。

根据巴塔哥尼亚官方声明,乔伊纳德考虑目前并没有合适的解决方案可以满足他的慈善需求,他决定以一种创新的形式来完成这一“捐赠”,即将公司的所有权转让给了两个新实体:Patagonia 信托基金和非营利组织坚守合作社(The Holdfast Collective)。Patagonia 信托基金将获得全部有投票权股票,相当于 2% 的股份,旨在保护公司价值;The Holdfast Collective 是一家致力于应对环境危机和自然保护的非营利组织,其将获得全部无表决权股票,相当于 98% 的股份。

案例 13:牛根生:家族慈善的先行者

推荐语:牛根生被誉为中国家族慈善的先行者。

内蒙古蒙牛乳业集团创始人牛根生于 2004 年发起成立了老牛基金会。老牛基金会在设立之初,就以“发展公益事业,构建和谐社会”为宗旨,主要参与环境保护、文化教育、医疗卫生及救灾帮困等其他公益慈善事业。此后的数10年间,老牛基金会在文化教育领域、救灾帮困领域、医疗卫生领域开展了多项公益项目,逐渐走出了一条“基因”式慈善之路。牛根生在2010年年底通过瑞士信贷信托公司成立了恒心(Hengxin)信托,而信托的受益方除了老牛基金会外,还包括中国红十字会、中国扶贫基金会、壹基金、大自然保护协会、内蒙古慈善总会等公益慈善组织。

牛根生的儿子牛奔和女儿牛琼于2015年在国内成立了第二代基金会——北京老牛兄妹公益基金会,该基金会旨在通过支持儿童成长和青年创业项目关注下一代发展,以创新慈善理念引领社会进步。一方面避免了与老牛基金会业务范围的重叠,另一方面又满足了牛氏家族“关注未来”的慈善“兴趣点”。

2021年11月30日,蒙牛乳业通过公告发布了董事会的一系列变更,其中包括蒙牛创始人牛根生辞任蒙牛非执行董事及战略及发展委员会成员,这也意味着牛根生自此彻底退出了蒙牛乳业。公告中,将牛根生的辞任理由归结为“退休并拟将更多时间投入慈善工作”。

案例14:何享健:从“美的”到“和的”

推荐语:慈善信托领域被热议的焦点案例——美的集团创始人何享健委托中信信托设立的慈善信托计划,首创家族慈善的“双轨”模式,亦颇为值得称道。

2017年7月,美的集团创始人何享健在佛山市顺德区公布60亿元慈善捐赠计划。何享健将捐出其持有的1亿股美的集团股票(市值合计约40亿元),并将20亿元现金注入其担任荣誉主席的“广东省和的慈善基金会”。其中,5亿元用于“顺德社区慈善信托”,另外15亿元用于精准扶贫、教育、医疗、养老、创新创业、文化传承及支持公益慈善事业发展等多个领域,包括分别向广东省慈善会、佛山市慈善会、顺德区慈善会、北滘镇慈善会捐赠1亿元现金,以及向何享健的家乡西滘村的福利会捐赠4000万元现金。

除现金捐赠外,何享健还选择了"慈善信托+家族慈善基金会"的双轨模式。当中的1亿股美的集团股票,将由美的控股有限公司作为委托人,设立一个永续的慈善信托,由信托公司担任受托人,信托财产及收益将全部用于支持公益慈善事业的发展。同时,推动"广东省德胜社区慈善基金会"和"顺德区创新创业公益基金会"成立。

据和的慈善基金会官方网站介绍,和的慈善基金会采用股权与现金组合的捐赠方式,运用"慈善信托+基金会"双轨模式,使慈善资金的科学管理及有效运用得以保障。在此框架下,和的慈善基金会作为何享健家族慈善管理和运营平台,通过设立慈善信托、孵化基金会、设立专项基金等多种组织模式开展慈善事业,从资金和方向上进行支持和指引,使其充分发挥各自的优势,并在实践过程中建立聚焦(FOCUS)支持模型,确保在和的慈善体系的平台上形成跨界合作效应,推动建立一个立体、可持续的现代公益慈善体系。

通过慈善信托可以有效实现慈善资产的隔离保护,确保了慈善资产的独立性和安全性,增强了慈善资产的保值增值能力。同时,家族慈善基金会还将对整个家族的慈善战略进行统一规划,根据每一个细分领域的需求成立不同专项的慈善信托项目,满足了不同层次的公益慈善需求,保证家族财富的有效传承,也实现了家族精神的代际"隐性"传承。

案例15:长安慈·演心慈善信托

推荐语:跨境家族慈善信托实务,回馈祖国母亲与两岸同胞。

本信托委托人马女士于1939年出生在上海，1949年移居我国台湾地区，高中毕业后赴美深造，在我国内地（大陆）、香港特别行政区、台湾地区从事投资事业，在过去的20年当中其投入了相当的精力和财力支持公益事业，无法定继承人。随着马女士个人财富的积累及年龄增长，她欲以个人财富回馈祖国，决定通过设立慈善信托支持扶贫济困，资助与教育发展、医疗救助、环境保护相关的慈善事业等。

2019年，马女士将其合法所有的具有完全支配权的财产（包括但不限于货币资金及委托人持有的基金份额）交付于受托人长安信托，由其管理慈善信托并将信托财产加以运用，信托财产的理财安排和慈善支出由委托人或者委托人指定代理人进行决策。

由于委托人为非大陆委托人，故需要提供委托人个人证件（台胞证），做好反洗钱评估工作。相关工作还涉及两岸公证的环节。

委托人马女士虽然无法定继承人，但她希望以善爱和慈悲的力量，影响他人，关爱生命，回馈祖国，复兴中华民族。在她心里，祖国母亲的孩子就是自己的兄弟姐妹，中华民族的儿女就是自己的子孙后代。

案例16：客户权益慈善信托

推荐语：外贸信托以客户权益捐赠设立慈善信托的模式，拓展了信托财产来源的内涵与外延，是传导“创富+创善”理念、打造金融公益生态圈和实现财富社会价值的一次有益的创新尝试，在国内属首例，也得到了民政部门的大力支持与认可。

2022年12月，外贸信托公司首单以客户权益设立的慈善信托在北京市民政局备案通过。慈善信托的委托人是捐赠人和慈善组织，信托期限为10年，捐赠人将其在金融机构累计的客户权益和资金财产捐赠给慈善组织,之后由捐赠人和慈善组织共同设立该信托,信托目的是资助困难家庭改善生活、资助困难学生就学及从事其他符合《慈善法》规定的慈善活动。

客户权益慈善信托的最大突破是解决了客户权益折现问题,将虚拟财产转换为现实的货币财产,并以资金形式交付信托,使信托财产的使用更加灵活便捷。

信托设立前,客户(捐赠人)与慈善组织、金融机构(客户权益累积和兑换的执行主体)签订了捐赠协议,明确客户权益捐赠的意思表示,并明确资金支付方为金融机构,慈善组织作为接受捐赠一方与客户就捐赠财产用于设立慈善信托的捐赠目的达成一致意见。金融机构在核销客户兑换的客户权益后,支付相应客户权益折现对价给慈善组织,慈善组织以接受的捐赠财产向信托公司提出设立信托的申请,由信托公司受托管理该笔信托财产,其依据慈善信托目的妥善管理、运用和处分信托财产。

客户权益慈善信托作为中小型慈善信托,其容易造成受托人的管理成本偏高。外贸信托的做法是引导捐赠人和委托人将慈善信托目的聚焦化、项目支出和运用标准化,实现客户权益慈善信托的管理个性化、兼顾流程化。

慈善、信托和社会公众以积累的"服务权益 + 信托"的方式做慈善具备如下优势:首先,慈善与金融的结合可以形成捐赠人、慈善组织和信托公司各方长效参与公益慈善的机制;其次,捐赠人可以在信托中参与决策慈善支出方向和计划,深度参与公益慈善活动;最后,慈善信托可以发挥其量身定制、财产独立、管理灵活、持久存续、多方监管、封闭运行等天然制度优势。

四、全国部分“首单”的案例名录

在6年的慈善信托制度实践过程中，涌现了一批各类“首单”。它们展现了慈善信托参与群体的责任担当、探索精神、专业水准、良好服务，为今后的服务实践和制度完善进行了良好的探索。现将部分“首单”名录（见表11－1）收列如下，以供参考。

表11－1　我国“首单”慈善信托情况

序号	创新情况	信托名称
1	首单名称上使用“慈善信托”字样的公益信托(2015年设立)	大爱长安·陕西银行业普惠金融扶贫慈善信托
2	《慈善法》生效当日，全国首批备案的慈善信托	长安慈——山间书香儿童阅读慈善信托
3	首单慈善组织作为单受托人的慈善信托	北京市企业家环保基金会2016阿拉善SEE公益金融班环保慈善信托
4	首单由环境公益诉讼赔偿金设立的慈善信托(2019年)	长安慈——大气保护慈善信托
5	首单专注于服务志愿者事业发展的慈善信托	华润信托·深圳志愿红慈善信托
6	首单“慈善先行信托＋慈善信托”模式	长安慈——平安天年方舟慈善信托
7	首单由公证处作为监察人的慈善信托	中建投信托·善泉5号(应急救灾类)慈善信托
8	首单基金会作为单一受托人的慈善信托	2016阿拉善SEE公益金融班环保慈善信托

续表

序号	创新情况	信托名称
9	首单由央企团委发起的慈善信托	百瑞仁爱·映山红慈善信托
10	首单由政府委托发起的慈善信托	长安慈——杨凌精准扶贫慈善信托
11	首单混合财产慈善信托,采用了"现金+金融产品"模式	外贸信托2017年度·中国银行·满堂红教育慈善信托
12	首单以"家族慈善文化建设"为目的的慈善信托	中航信托·中华慈善总会家族慈善文化建设慈善信托
13	首单由院士发起设立的慈善信托	长安慈——农银壹私行张兴栋生物医学工程奖励基金慈善信托
14	首单专项用于攻克渐冻症相关的慈善信托	攻克渐冻症慈善信托
15	首单境外企业作为委托人的慈善信托	紫金信托·厚德博爱中日友好抗击疫情慈善信托
16	首单境外自然人作为委托人的慈善信托	长安慈·演心慈善信托
17	首单有政策文件支持的、慈善信托执行人直接向委托人开具捐赠票据的慈善信托	"浙金·大爱无疆1号"慈善信托

续表

序号	创新情况	信托名称
18	首单以贫困艺术家为主要受益群体的艺术家互助型慈善信托	悦尔 · 2021 公园十九艺术文化发展慈善信托
19	首单国内理财产品收益捐赠型慈善信托	光信善 · 大爱无疆慈善信托
20	首单医疗实物救援慈善信托。以实物资源作为信托财产,并对受益人进行捐赠;明确了医疗实物类慈善信托的设立流程、财产估值方法、备案标准等事项	光信善 · 蓝帆医疗实物救援慈善信托

向读者的请求

中国慈善信托事业发展日新月异、前程远大。为向更多公众提供慈善信托的服务帮助,热切地期待您加入我们的行列:收集慈善信托实务问题、记录服务实践的探索与创新、宣传慈善信托的感人故事。

请用邮件与我们联系。

如果能够告知实务问题产生的完整场景和具体疑问,我们将不胜感激!

您的信息将在本书修订时予以考虑。

让我们共同为中国慈善信托的事业发展贡献绵薄之力。

联 系 方 式

收信人:《中国慈善信托实务参考》编写委员会

邮箱:hzmfo2019@163.com

邮编:510627

地址:广东省广州市天河区海安路13号财富世纪广场写字楼A1栋1304－1305房

《中国慈善信托实务参考》编写委员会

2023年2月23日